生きたま

わる

〈知識〉

生きたまま生まれ変わる

〈知識〉に基づき
〈この世界〉から〈高次の世界〉へ

齋藤 佳子
SAITO Yoshiko

論創社

はじめに

「生きたまま生まれ変わる」ことができたら、どんなに幸せだろう、と思いませんか。長い間、私もそれを模索してきました。

かつての私は、無意識にコントロールされやすく、落ち込みやすく、なかなか前に進めませんでした。したがって自分のことが好きではありませんでした。さらに様々な負の要因も重なり、そのプレッシャーに押しつぶされそうなときもありました。殻の中でもがきながらも殻が破れそうで破れない、といった感じで閉塞感や焦燥感がありました。

あるとき、ある「ことば」がこみ上げてきました。そしてそれを唱えました。すると殻が音を立てて崩れていき、呪縛が解けていき、自由そして希望を感じました。直感で、「あ〜これでいいんだ、あ〜これなんだ、人には人の生き方があるんだ！」と思いました。するとすべてが好転し始めました。

そして「生まれ変わる」ことができました、「生きたままで……」

本書の目的は以下の通りです。

皆さんを**〈この世界〉**から**〈高次の世界〉**へと**〈知識〉**により移行させ、**〈生きたまま生まれ変わる〉**ことをお手伝いすること

〈この世界〉とは、「現在の環境・状況／ネガティブ思考／トラウマ」の世界になります。

〈高次の世界〉とは、「〈ポジティブ思考〉／本質的な人の生き方」の世界になります。

〈知識〉とは、「〈この世界〉と〈高次の世界〉の橋渡しをする科学的情報」、言い換えれば、「〈高次の世界〉に入るための科学に基づいた情報」です。

〈生きたまま生まれ変わる〉とは、「〈この世界〉をアンインストールし、〈高次の世界〉をインストールすることにより、〈魂〉に基づいたその人本来の生き方ができるようになり、今生の目的を達成すること」です。


さらに前述した言葉について補足します。

まず、「アンインストール」と「インストール」という言葉については、私たちの思考は「プログラム」されていると考えるからです。私たちは母国や母語、母国の文化や教育、親・先生・兄弟姉妹・友人などからインプットされた「プログラム」で思考し、行動しています。しかし、それらは必ずしも私たちを「成幸」に導いてくれるものばかりではありません。よって、「成幸」するためには、不要なプログラムを「アンインストール」し、自分のための新し

い「プログラム」を「インストール」する必要があるのです。新しい「プログラム」を「インストール」するためには〈知識〉が必要です。〈知識〉とは、主に「心理学」、「脳科学」、「文化論」、そして〈量子論〉になります。〈量子論〉とは、「『マクロな世界は量子の世界の積み重ね』（山田廣成著『物理学はこんなにやさしい学問だった』）で成り立っているという考えを基盤にして、そこから導き出された人の生き方論」になります。

二つ目として、〈ポジティブ〉とは、「事象・対象を肯定的に捉えることに対し、〈魂〉が納得し喜び、前進している状態」です。〈ポジティブ思考〉とは、「物事を〈ポジティブ〉に捉える考え方」ですが、落とし穴があるので注意をしておきます。それは直面した問題に取り組まなかったり、望ましくない感情にふたをしてしまったりして、「偽りのポジティブ思考」に逃避してしまう場合があるということです。このようなポジティブ思考の負の側面は「ポリアンナ症候群」と言われています。心的疾患の一つです。そもそも「ポリアンナ」とは小説『少女ポリアンナ』（エレナー・ポーター著）の主人公の名前ですが、ポリアンナがとてもポジティブなので、ポリアンナという名前が取られたのです。もっとも小説のポリアンナは周りの人に生きる力を与えるとてもすばらしい少女です。

三つ目として、〈魂〉とは、「〈現世の私たち〉もまた、〈全体〉としては、〈前世の死と今世の生との合作〉（輪廻転生）として成り立っている」（岸根卓郎著『量子論から解き明かす神の心の発見』）という考えを基に成立しています。

最後に、「今生の目的」とは、「この世において達成したいこと」です。それは容易にはわかりません。〈魂〉の声を聴きながら自分で想像し創造するものです。

＊　＊　＊

本書は三部構成になっています。展開は以下の通りです。

第Ⅰ部では、〈この世界〉における自分の「現在の環境・状況」について探求します。この分析は、「意思」の芽生えを促し、そして「意志」へと発展させる重要なものとなります。皆さんの「現在の環境・状況」はそれぞれですので、まず多くの人が陥りやすい事例を提示します。そしてその問題の原因となっている背景を分析します。背景の分析には〈知識〉（主に「心理学」、「脳科学」、「文化論」）とします。

尚、第Ⅰ部を通して、〈高次の世界〉の〈ポジティブ思考〉が底流に流れています。

第Ⅱ部では、〈量子論〉へと展開するために、まず基礎的な「量子論」を学びます。なぜ「量子論」を学ぶかということについての詳細は後述しますが、〈この世界〉から〈高次の世界〉に行くための土台となる不可欠な〈知識〉の一つだからです。「量子論」というと、「何だか難しそ〜」とか、「そんなの聞いたこともない」などと思う人がいるかもしれませんが、未知の世界を探検するような〈ワクワク〉した気持ちで読んでください。〈ワクワク〉した気持ちと言っても、それは決して「浮ついている」気持ちということではありません。「冷静かつ向上心に満ちて新しい世界を求める気持ち」のことです。この本一冊で基礎的な「量子論」がわかるようになります。「量子論」といっても、私も専門外ですので、難しい数学や物理の知識などは必要ありませんので安心してください。

第Ⅲ部では、まず具体的に〈この世界〉の「ネガティブ思考」と「トラウマ」を「アンインストール」する方法を示します。

次に、第Ⅱ部で学んだ〈量子論〉から「課題」を設定し追究することにより、〈高次の世界〉における「本質的な人の生き方」を導き出します。

最後に、「生きたまま生まれ変わるための生き方27箇条」として本書をまとめます。

尚、〈高次の世界〉の〈ポジティブ思考〉が第Ⅲ部を貫いています。

＊　＊　＊

本書の構成は三部になっていますが、どこから読んでもわかるようになっています。よって、皆さんが読みたいと思った所から読んでいただいてかまいません。「へ〜、そーなんだ！」、「初めて知った！」などと興味を持ちながら、そして〈ワクワク〉しながら楽しみながら読み進めてください。なぜ〈ワクワク〉が大事なのかは本文にて述べますので、〈ワクワク〉して待っていてください。

最後になりますが、本書において導き出された「生き方」は机上の空論ではありません。私は本書を差し障りのないきれい事だけを並べた本にするつもりはありません。本書は、〈知識〉に基づいているのは言うまでもありませんが、この世の矛盾や不条理に向き合い、その上で「どのように生きていったらいいのか」という視点から追究したものであることを確認しておきます。

それでは皆さんが〈生きたまま生まれ変わる〉ことができますよう、心を込めてペンを進めます。

＊本書が独自に意味づけをした言葉、定義、および本来の語義を敷衍した言葉については〈　〉（山形括弧）でくくります。

＊本文は明朝体ですが、書物からの引用部分およびタイトルはゴシック体とします。（第Ⅱ部のみは例外とします。）

＊本書では投薬等が必要な精神疾患等の方は考慮していませんので、ご承知おきください。

＊本書は専門書ではありませんので、専門性を求める方は専門書をお読みください。

＊本文中で紹介している著作物の刊行年・出版元などは、巻末の「参考文献」をご参照ください。
＊本文において、「筆者」と「著者」という表記を使いますが、筆者とはこの本の書き手である齋藤佳子を指し、著者とは引用元の書き手を指すものとします。

こうもりちゃんが、きらちら、きらちら！
いったい何をしているのかしら！
そんなに高く飛んじゃってね
まるでお空のティートレイね
きらちら、きらちら——

（ルイス・キャロル『不思議の国のアリス』）

Twinkle, twinkle, little bat!
How I wonder what you're at!
Up above the world you fly,
Like a tea-tray in the sky.
Twinkle, twinkle—

(Lewis Carroll, *Alice's Adventures in Wonderland*)

生きたまま生まれ変わる　目次

第I部　〈この世界〉の「環境・状況」を意識化し、「意思」を「意志」へと発展させる

第Ⅰ部では、以下の四段階の第三段階目までの土台創りをします。

第一段階目は、「現在の環境・状況」を「意識化」する

「意識化」が人生を変える第一歩になります。多くの人は日常生活の習慣的なパターンや外部の流れになすがままになっているということに気づいていません。大事なことはそれを「意識化」することです。

それは真っ暗なトンネルに一筋の光が差し込んでくる状況と言っていいでしょう。

第二段階目は、「意識化」により「意思」が芽生える

人は自分の「現在の環境・状況」が「意識化」できるようになると、次第に「こうしたい」とか「こうなりたい」といった「意思」が芽生えるようになります。

それは暗いトンネルに道を照らす明るい光が差し込んでくる状況と言っていいでしょう。

第三段階目は、断固たる「意志」へと発展させる

一時の感情に駆られてはいけません。「急いては事を仕損ずる」とはよく言ったものです。そのためには、「現在の環境・状況」の背景や「意思」の内容を冷静に分析し、〈ポジティブ〉な方向へともっていく必要があります。その後、「決断」します。つまり断固たる「意志」へと発展させます。

第四段階目は、断固たる「意志」を抱いて「行動」する

それは暗いトンネルの中で明るい光に直面している状況と言っていいでしょう。

「意思」を現実化させるために断固たる「意志」が必要となります。そしてそれを「行動」に移します。

それは暗いトンネルから明るい光に向かって歩み出すという状況と言っていいでしょう。


第Ⅰ部の具体的構成は以下の通りです。

まず、個別に対応するのは不可能なので、人間の特性や日本の文化から生じる事例を取り上げます。具体的には、できるだけ生の声を反映させたいという意図から、読売新聞の「人生案内」を主としますが、私のクライアントや有名な寓話・小説なども対象とします。

次に、事例の背景を分析します。その手段としては、心理学（精神分析学や認知療法等）、脳科学、日本の文化論といった〈知識〉に基づくものになります。もっとも専門書ではありませんので、専門的な内容に深入りするわけではありません。

本書で扱う事例はごく一部に過ぎませんし、その背景の分析といっても一つの側面に過ぎません。もちろん絶対的なものでもありません。したがって、皆さんがご自由に分析していただいてかまいません。大事なことは、皆さんがご自分の「現在の環境・状況」や芽生えた「意思」を冷静に分析し、今後の〈ポジティブ〉な方向性を見出し、「意志」を固めて「行動する」ことなのです。

尚、〈高次の世界〉の〈ポジティブ思考〉が底流として流れていることは前述した通りです。

臨場感を出すために、皆さんにやっていただくための四つの課題を用意しました。謎解きのような気持ちで自由に〈ワクワク〉しながらやってみてください。

「四つの課題」

1　各事例の主人公に自分を置き換えて感情移入し、自分事として扱う。
2　客観的に自分なりに背景の分析をする。
3　「意思」を模索し、〈ポジティブ〉な方向性を見出す。
4　「意志」を固める。

第一章　事例を〈知識〉により分析する

第一節　「人によって違うものの捉え方」について

私は大学の教壇に立っていますが、セラピストもしています。私のクライアントの例をあげます（本人の承諾を得ています）。

【事例1】

Aさんは20代半ばのOLです。Aさんは自分の意思をうまく表すことができず、人に流されてしまいます。このような性格から、会社では、何かにつけて要領が悪く、損な役回りを押し付けられます。周りの人は誰も助けてくれません。プライベートでも、彼氏もいないし友人と呼べる人もいません。

Aさんには大学生の妹がいます。妹はAさんとは正反対で、何事につけても要領がよく、ものをはっきりと言う割には敵を作らず、多くの友人や素敵なボーイフレンドにも恵まれ、大学生活を謳歌しています。

Aさんは「私は何をやってもだめなんです。このまま一生終えてしまうかと思うと怖くなります。妹がうらやましいです。何とかなりませんか」と言って、相談に見えました。

同じ遺伝子を引き継ぎ、同じ環境で育ったとしても、事例1のように、Aさんはネガティブ傾向、妹はポジティブ傾向といった具合に兄弟姉妹で性格が違うということはよくあることです。なぜこのような違いが生じるのでしょうか。本節では〈知識〉の観点から分析します。

1 事例1の一つの背景「認知」について

まず、「認知療法」の観点から分析します。「認知療法」は1960年代初頭、米国の精神科医アーロン・T・ベックが初めて提唱しました。認知療法とは「認知の改善をめざす治療法。心の病気の背景には、『自分はダメな人間だ』などの認知の歪みがあると想定。その歪みを合理的な考え方に変えることで、問題を解決する」（清水栄司監修『認知行動療法のすべてがわかる本』）心理療法です。

同じ事象に対して、肯定的に捉えるのか否かの違いは「認知」の違いから生じます。「認知」とは「ものの受け取り方や考え方」（大野裕著『はじめての認知療法』）のことです。

例えば、電車に乗り遅れたとします。この事実に対し、「次に来たのに乗ればいいや」と何気なくやり過ごすのか、それとも「日頃の行いが悪いから乗り遅れたんだ」と自分を責めるのかの違いは、認知の違いから生じています。「心の問題」を引き起こしやすいのは後者の場合です。「つらい感情を引き起こす原因は、つらいできごとや状況そのものではなく、頭の中にある認知というフィルターなのです」（福井至・貝谷久宣監修『図解やさしくわかる認知行動療法』）。

また、認知は感情や行動と密接に関係しています。例えば、あなたは今とても落ち込んでいるとします。何もやる気が起きず、ただ何もすることなくただ家でぼーっとしているだけです。するとますます落ち込んでいきます。これが負のスパイラルです。このような状態が長期化するとうつ病にもなりかねません（うつ病のメカニズムについては後述します）。

認知療法によると、認知を「自動思考」と「スキーマ」の二つに分けて考えます。「自動思考」とは「ある体験をしたときに瞬間的に頭の中を流れる思考やイメージ」のことであり、「スキーマ」とは「自動思考の基礎になっているその人なりの『こころのクセ』」（大野裕著『はじめての認知療法』）のことです。

相談者に戻ります。Aさんはネガティブ傾向、妹はポジティブ傾向という違いは生来のものであって変えることはできないと考えるのが一般的でしょう。しかし本書では、認知を変えることによって（Aさんのネガティブ傾向を）変えることができる可能性がかなり高いと考えます。実際、『ＥＱこころの知能指数』の著者であるダニエル・ゴールマンは「情動は人によって遺伝的に配合が決まっており、それが気質を決定している。ただし、これに関係する脳の神経回路は並外れた柔軟性を持っている。気質は変えられるのだ」と述べています。16〜17世紀のイギリスの劇作家および詩人であるウィリアム・シェイクスピアも、「習慣は人間の天性を変えるもの（For use almost can change the stamp of nature）」（『ハムレット』第三幕第四場）とハムレットに言わせています。

ここでは、AさんとAさんの妹との違いの背景には「認知の相違」が大きく関わっているという言及のみに留め、具体的な分析および対処法は第三部第一章にて扱うこととします。

第二節　「〈ポジティブ〉でない思考のパターン化」について

『読売新聞』（2018/03/06）の「人生案内」に「女子高生　メンタル面弱い」という投稿がありました。

【事例2】

女子高校生。メンタル面が弱いのが悩みです。

授業中、先生に指名されて答えた時、「違う」と言われると、自分のすべてを否定された気分になります。泣きそうになることもあります。注意されたり怒られたりしたときも同じです。

春から通う予定の声優養成の専門学校では、注意されるのは日常茶飯事になります。オーディションなどで、今以上に自分を否定されることも多くなるでしょう。心配です。

自分を変えたいと思い、精神力を鍛えるためのノウハウ本を読むと、幼い頃にたくさん怒られて強くなったという経験談が書かれていました。精神的に強くなるには、怒られたりすることに慣れるしかないのでしょうか？

鋼のような心が欲しいとは言いません。せめて、絹ごし豆腐のように崩れやすい、ひ弱な心をどうにかしたいのです。何かいい方法があれば、教えて下さい。（新潟・W子）

実際、人にネガティブなことを言われると、打撃を受けてしまう人は多いことでしょう。もっとも気にならない人もいます。本当に十人十色です。以下に、〈知識〉の観点から分析します。

1　事例2の一つの背景「ネガティブ・バイアス（否定的偏向）」について

例えば、あなたは仕事で好成績を上げ、10人中9人から賛辞を得ましたが、一人から非難されたとします。このような状況であれば、9人が評価してくれているので一人の批判など気にならないのではと思うかもしれません。ところが多くの人が、9人の賛辞にもかかわらず、たった一人の批判に心を悩ませ釈然としない思いに駆られてしまうのです。これは人間の脳の特徴によるものです。「このように、自分を苦しめる考えや経験に強く反応してしまう傾向は、心理学用語で『ネガティブ・バイアス（否定的偏向）』と呼ばれています」（マーシー・シャイモフ著『「脳にいいこと」だけをやりなさい！』）。

具象化すると、「脳はいやな経験に対してはマジックテープのように密着しますが、うれしい経験に対してはテフロン加工のように軽く触れるだけです。このような脳の癖が潜在的な記憶や感情、期待、心情、思考、気分に影を落としてどんどん悪い方向へ向かわせます」（リック・ハンソン著『脳を鍛えてブッダになる52の方法』）。

2　事例2の一つの背景「扁桃体」と「海馬」について

人間にとってネガティブな経験が強烈なインパクトを与える理由は、主に脳の中の扁桃体に関係があります。扁桃体は、大脳辺縁系の下部にあり、海馬と隣り合わせの位置にあります。扁桃体は情動処理と固定記憶の中枢としての役割を果たします。海馬は感情にも関わりますが、「記憶の司令塔」として重要な役割を果たします。

(1) うつ病発症のメカニズムについて

扁桃体は情動反応に関わります。情動とは「感情のうち、急速に引き起こされ、その過程が一時的で急激なもの。怒り、恐れ、喜び、悲しみといった意識状態と同時に、顔色が変わる、呼吸や脈搏が変化する、などの生理的な変化が伴う」（『スーパー大辞林3・0』）ものです。

扁桃体は「警戒心」を司っていますが、その働きがストレス反応を起こす引き金となり、悪化するとうつ病になる場合があります。このメカニズムについて、ＮＨＫスペシャル取材班著

『キラーストレス』を参照して以下に述べます。

「不安や恐怖を感じると、……まずは扁桃体が興奮を始める。その扁桃体から『不安や恐怖に対処せよ』という指令が、脳の『視床下部』という部分」に伝えられ、「指令は次に副腎に届く。すると、副腎はストレスホルモンと呼ばれる物質を分泌」し始めます。ストレスホルモンとはコルチゾール、アドレナリン、ノルアドレナリンといったホルモン群のことです。「副腎から分泌されたこれらのストレスホルモンは、血流にのって全身をかけ巡る。そうして体内の様々な臓器に指令」を伝えます。その一つの結果として、「心拍数が増えて、血圧が上昇」します。「指令は自律神経」にも伝えられます。「自律神経は体の隅々まで張り巡らされていて、臓器だけでなく、末端の血管にまで絡みつくように存在」しています。「扁桃体からの指令を受けた自律神経は、全身の血管をぎゅっと締め上げる。その結果、血管が細くなり、血圧が急激に上昇」します。「血中にストレスホルモンが増えると、血小板同士が結合し、血液が固まりやすくなります。

ストレスは大きくアドレナリンなどが過剰分泌される「頑張るストレス」(「主に「体」のストレス反応が強くなる」)とコルチゾールが分泌される「我慢するストレス」(「主に「心」のストレス反応が強くなる」)に分けられます。後者の「我慢するストレス」が問題で、「心の病」につながります。「健康な方でもストレスが積み重なって、それが長い時間持続すると、ストレスホルモンが海馬を傷害します。それが強くなってくると、うつ病のような症状が出てくる可能性があるのです。」実際にうつ病患者の脳画像には海馬が萎縮して脳の中に隙間ができているそうです。

また、「マインド・ワンダリング（心の迷走）」にも注意しなければなりません。「マインド・ワンダリング」とは「目の前の現実についてではなく、過去や未来についてあれこれ考えを巡らせてしまう状態」のことです。２０１０年にハーバード大学の心理学者マシュー・キリングスワースらが２２５０人を対象に行ったマインド・ワンダリングに関する調査の結果、起きている時間の半分近くがマインド・ワンダリングの状態にあったということです。つまり、その間、ストレス反応がずっと続いているということを意味します。

このようにストレスホルモンはうつ病を発症させるばかりでなく、「身体に残り、沈殿して疲労や病気を引き起こします」（マーシー・シャイモフ著『「脳にいいこと」だけをやりなさい！』）。これらは脳内や体内で勝手に行われているため、本人には自覚がありません。よって、その恐ろしさを知っておくことが大切なのです。

(2) 記憶について

以下は池谷裕二著『最新脳科学が教える高校生の勉強法』に基づいて進めます。

短期記憶（顕在意識）と長期記憶（潜在意識）という言葉を聞いたことがあるでしょう。「長期記憶の保管場所は『大脳皮質』」です。脳は「必要な情報」と「必要でない情報」の仕分けをした結果、必要なものに仕分けされた情報のみが大脳皮質に送られることになります。必要か不必要かの判定は脳の「海馬」が行います。「審査期間は約一ヶ月です。」審査の基準は「生きていくために不可欠かどうか」ということです。つまり人間は生き延びるということが大前提だからです。したがって、「包丁は気をつけて扱う」という情報と、英語の ingredient の意味を覚えるのでは、前者の方が審査の基準をクリアしているのは明らかです。

また扁桃体が活動すると「長期的に神経細胞が活性化されやすくなります（「長期増強」＝LTP（long-term potentiation））。言い換えれば、「感情が盛んなときにはものごとが覚えやすい」ということになります。その理由は、「扁桃体が記憶力を高めるという現象は、動物たちにとっては命に係わる深い意味」があるからです。つまり前述したように、人間は生存を至上命令とするからです。

相談者に戻ります。相談者はいつも注意されたり怒られたりしているわけではないはずです。良いことも言われるでしょうし、中立なことも多いはずです。しかし相談者の脳にはネガティブ・バイアスによりいやな経験がマジックテープのようにくっついて離れない状態になっています。したがって、過去や未来のことについてあれやこれや考えてしまうのです。このような状態はマインド・ワンダリングの状態ですので、ストレス反応が継続した状態になっていますよって、病気になりやすく、うつ病をも発症してしまうかもしれません。さらには、記憶の繰り返しにより、脳は大脳皮質に長期記憶、いわゆる潜在意識として保管してしまいます。そうなってしまうと容易には消すことはできません。

このようなメカニズムを学び、早めに対処する必要があります。対処法は、第Ⅲ部の第一章を参考にしてください。

第三節　「生真面目」について

【事例3】

老若男女を問わず、『アリとキリギリス』というイソップ童話は知られています。そのお話は皆さんもご存じだと思いますが、確認しておきます。

夏の間、キリギリスはバイオリンを弾き歌って過ごします。一方、アリは冬に備え、食料の備蓄に精を出します。冬になり、キリギリスがアリに物乞いに行きますが、アリは食べ物を分け与えず、キリギリスは餓死してしまうというお話です。もっともアリがキリギリスに食べ物を分け与えたという結末もあるようです。ここでは相違が生じる後半部分ではなく、共通部分におけるアリとキリギリスの生き方です。

このお話から得られる教訓は、「油断大敵」、「人生は厳しい」、「自業自得」、「労働の大切さ」等であることから、アリは「勤勉」の象徴、キリギリスは「怠惰」の象徴となります。幼少時、このお話を読んで、「楽しむことはいけないこと」といった思いが横切ったのを覚えています。その思いは大人になった今でも脳裏をかすめることがあります。

私たちの多くは、「真面目」という人間の資質を評価しています。それは社会生活をする上で、大切な要素の一つであることは間違いありません。しかし、それが行き過ぎた「生真面目」となると問題が生じてきます。つまり息苦しいし、そもそも人生が楽しくありません。以下に、〈知識〉の観点から分析します。

1　事例3の一つの背景「脳の警報システム」について

原始時代、人の祖先は子孫を守るため、楽観的に考えるより、あらゆる危険に注意を払う暮らしをしていました。そうしなければ、鋭い牙をもったトラに子どもを食べられてしまうかもしれなかったからです。いつも最悪の状態を想定することによって、人間は子どもを一人前に育て上げることができたのです。

長く生きたければ、どんな小さいサインも見逃してはならない、たとえそれがとり越し苦労であっても、重大な危険に気づかないよりはいい、私たちの祖先はそう考えていました。（マーシー・シャイモフ著『「脳にいいことだけ」をやりなさい！』）

このように人間の脳には太古より「恐怖」と「不安」という「幸せのバリア（障壁）」がプ

ログラムされています。もっともこの「脳の警報システム」は必ずしも悪いわけではありません。現代社会において、その必要性はあまり高くないのかもしれませんが、それでもこの「システム」のお陰で生存率が高まっていると言えるでしょう。

その一方で、このシステムが働いていることから、私たちはどうしても楽観的な考えより悲観的な考えを優先しがちになります。それは私たちにアリのように真面目な生き方を選択させることであり、さらには人によっては真面目一筋、すなわち生真面目な生き方を選択してしまうというわけです。

大事なことは、私たち人間にはこのシステムが働いており、ネガティブになりがちなのは奇異なことでも何でもないことであり、それを知って、〈ポジティブ〉に向かうことなのです。

第四節　「気遣い」について

『読売新聞』(2018/03/01) の「人生案内」に「教員　早い退勤心苦しい」という投稿がありました。

【事例４】

中学校教員20代前半の女性。周りの先生たちが夜遅くまで仕事をしており、いつ退勤したらいいかタイミングがわかりません。

特にやるべきことがなくても、何となくだらだらと残り、心身ともに疲れてしまいます。早く帰ることについて、誰かが何か言っているのではないかと心配にもなります。実際に言われているのを聞いたことがあるわけでもないのに。

やるべき仕事はきちんとしていますし、時には、同僚に「何か手伝うことはありませんか」と声をかけています。それなのに、先に退勤する時はとても申し訳ない気持ちになるのです。とっくに定時を過ぎても、いつも「すみません。お先に失礼します」と言ってから、学校を出ます。気を使いすぎでしょうか。

あまり深く考えず、すっきりと帰路につける心の持ちようを教えて下さい。（埼玉・N子）

このような問題は教員にかかわらず、組織の一員として働く人の多くが経験することの一つです。以下に、〈知識〉の観点から分析します。

1　事例4の一つの背景　サバイバル術としての「ネガティブ思考」について

私たちの祖先は、常に危険と隣り合わせで狩猟や採集を行ってきました。野生動物のようにしなやかな肉体、強靭な牙を持たない人間は、生き残る確率を高めるために集団で生活することを学びました。集団形成こそが生存を大きく左右する。ゆえに、いかに優秀な集団をつくれるか、いかに集団に受け入れられるかを考えて行動してきたのです。

集団に受け入れられるためには、他人の評価に対して敏感になり、気配りしなければなりません。さらに、自分がやりたいことよりも周りと同調することを優先したり、独自の考えではなく、集団の意見を大切にするようになったはずです。こうした思考を身につけていくことが、生き残るうえで必要だった……。

以上のプロセスを経て、太古の昔から人間の脳は進化してきたために、私たちはネガティブ・シンキングを強く留めるようになりました。（茂木健一郎著『脳を最高に活かせる人の朝時間』）

相談者に戻ります。以上の言及からも、人間は生き残るためには自分の意見よりは集団の意見を優先させるという思考から離れることは難しいのがわかります。それは本能的に働いてしまうのです。よって、相談者の相談内容も取り立てて神経過敏というわけではないのです。自然といえば自然なことなのです。

もっとも時代は進化していきますので、国により集団に帰属するという意識の度合いに差が生じてきます。事例４は西洋より日本に多く見られる現象ではないでしょうか。次に日本独自の文化の一端から生じる事象について分析します。

第五節　「人の世は住みにくい」について

【事例5】

山路を登りながら、こう考えた。

智に働けば角が立つ。情に棹させば流される。意地を通せば窮屈だ。とかくに人の世は住みにくい。

住みにくさが高じると、安い所へ引き越したくなる。どこへ越しても住みにくいと悟った時、詩が生れて、画が出来る。

人の世を作ったものは神でもなければ鬼でもない。やはり向う三軒両隣にちらちらするただの人である。ただの人が作った人の世が住みにくいからとて、越す国はあるまい。あれば人でなしの国へ行くばかりだ。人でなしの国は人の世よりもなお住みにくかろう。（夏目漱石著『草枕』）（傍点は著者）

この文章は言わずと知れた夏目漱石の『草枕』の冒頭部分です。「人の世」が住みにくいことから「詩が生まれて、画が出来る」という側面もあるでしょうが、一般的には、「とかくに人の世は住みにくい」という捉え方が主流ではないでしょうか。どうして「人の世は住みにくい」のか考えてみましょう。

1　事例5の一つの背景　「和を以て貴しとなす」について

日本の最初の成文法は聖徳太子の十七条憲法です。十七条憲法とは、604年に聖徳太子が制定したとされる十七条の道徳的規範が中心となる法令であり、官吏への訓戒となっています。その第一条は「和を以て貴しとなし……」で始まります。第一条の全文の口語訳は以下の通りです。

第一に、なかよくすることが、なによりも大切である。さからはないのが肝心である。人はみんな仲間をくみたがるが、胸のひろいものが少ない。で、なかには君に背き、親にさからひ、隣近所の嫌はれものになつてしまふものなどもある。けれども、上のものと下のものとが、仲よくしあつて、むつびあつて、よく相談しあへば、物の道理、仕草のすぢみちがよくたつて、何でも成就しないことはない。（林竹次郎著『ハナシ言葉十七条憲法』）

誰とでもなかよくやって、目上の人や親には従順になりなさい、問題があっても心を開いて話し合えば、すべてうまくいきますよ、という内容になっています。一方、同じ島国でもイギリスの「和」とは全く異なります。

他人の事は気にかけるな、彼のことは彼がするのだから、自分は自分のことをしろ、他人をすてることによって、他人と両立し、他人から距離を保つことが、他人に対する最大の思いやりになります。（森嶋通夫著『イギリスと日本』）

「和」を基盤とする十七条憲法から天皇中心の中央集権国家の形成の意図が読み取れますが、明治政府も新体制の基礎固めのために天皇中心の家父長的天皇制、すなわち封建的ヒエラルキーを形成しました。さらに、日中戦争から太平洋戦争期の軍国主義教育を支えた「皇国史観」、すなわち「日本の歴史が万世一系の天皇を中心として展開されてきたと考える歴史観」（『スーパー大辞林3・0』）という理念も無視できません。

もっとも現在では、天皇は象徴であるので、家父長的天皇制というわけではありませんが、このヒエラルキーの基本構造は企業等の年功序列や官僚制度に受け継がれています。

国家体制や社会体制の構造が個々の日本人の意識に多大に影響を与えることは言うまでもありません。ヒエラルキー構造を保つためには「和」を遂行することの必要性、つまり、親や上司に逆らわず、自と他の区別を曖昧にして一体感を持つことが不可欠となります。一方、イギリスの場合、自と他を完全に分離し、距離を保つことが重要視されています。（文化の優劣ではなく）国によって人間関係の距離感が違うことは明らかです。

「人の世」の住みにくさについての背景の一つとしては、もちろん事例5の背景もありますが、さらには「和」を実行しなければならない息苦しさにあります。明治に生きた夏目漱石の息苦しさはいかばかりであったかと推測されますが、これは現在でも大差はないかもしれません。この息苦しさを感じさせる「和」の正体についてさらに分析します。

第六節　「自己犠牲」と「『うち』と『そと』」について

『読売新聞』(2018/03/15)の「人生案内」に「義姉2人とのつきあい苦痛」という投稿がありました。


【事例6】

40代の主婦。田舎に嫁ぎ、同居する義父の世話や、親戚との付き合いなどで自由がありません。特に、近くに住む義理の姉2人との付き合いが苦痛です。

義姉の一人は以前、息子の運動クラブの付き添いがあるからと、娘を毎日のように私の家に預けていました。私だって3人の子どもの世話があるのにです。

義姉の子どもは成人しましたが、正月や彼岸、盆などには、家族で泊まりにきます。もう一人の義姉の家族も同様です。私は1人で毎食10人分以上を作らなければならず、経済的にも時間的にも体力的にも厳しいです。私の子どもが受験の時やインフルエンザになった時もお構いなしでした。

夫は「お前も実家に帰ることがあるのだから、受け入れるのは当然だ」と言います。私の実家は遠方にあり、母一人で心配です。しかし、義姉たちのことが優先され、ほとんど帰れません。結婚を後悔しそうです。（和歌山・C子）

嫁という立場と嫁ぎ先および義理の関係は、多くの嫁が避けて通ることができない問題の一つです。

この事例には大きく二つの問題があります。相談者側の問題と義姉側の問題です。前者の問題は「女性が『家』に嫁いだ後の問題」であり、後者の問題は「女性が嫁いだ後に発生する実家との問題」です。

前者については、ルース・ベネディクトの『菊と刀』、後者については、和辻哲郎の『風土』を分析手段とします。

前者は外国人の眼から、後者は日本人の眼から見た日本文化論です。両者の分析の観点は異なりますが、両者は日本文化論の古典として位置づけられ、その普遍性ゆえに日本文化論には不可欠の存在になっています。以下に、〈知識〉の観点から分析します。

1　事例6の「女性が『家』に嫁いだ後の問題」の一つの背景「自己犠牲」について

相談者は意見を言うことさえままならず、夫の助けもなく、孤立無援の状態です。さらには家のため、義姉のために犠牲を強いられています。その状態は「自己犠牲」(「自分を犠牲にして他のために尽くすこと」『スーパー大辞林3・0』)の状態と言っていいでしょう。また、『葉隠れ』の一説である「武士道と云うは死ぬ事と見付けたり」(「武士たる者は主君のためには死ぬことも覚悟しなければならない。没我・献身に重きをおく武士道を説いた言葉」『デジタル大辞泉』)や、第二次世界大戦の「滅私奉公」(「私心を捨てて公のために尽くすこと」『スーパー大辞林3・0』)という言葉も脳裏をかすめます。

「恥の文化」について

『菊と刀』の著者はアメリカの文化人類学者のルース・ベネディクトです。この本の本来の目的は対戦国日本の研究のためというものですが、ベネディクトは日米が交戦中であるという理由で来日していません。執筆の材料は主に、日本に関する膨大な資料や日系移民からの情報等になります。

ベネディクトは日本の文化を「恥の文化」、西洋を「罪の文化」と言っています。

真の罪の文化が内面的な罪の自覚にもとづいて善行を行うのに対して、真の恥の文化は外面的強制力にもとづいて善行を行う。恥は他人の批評に対する反応である。人は人前で嘲笑され、拒否されるか、あるいは嘲笑されたと思いこむことによって恥を感じる。いずれの場合においても、恥は強力な強制力となる。ただしかし、恥を感じるためには、実際にその場に他人がいあわせるか、あるいは少なくとも、いあわせると思いこむことが必要である。［中略］日本人の生活において恥が最高の地位を占めているということは、恥を深刻に感じる部族または国民がすべてそうであるように、各人が自己の行動に対する世評に気をくばるということを意味する。彼はただ他人がどういう判断を下すであろうか、ということを推測しさえすればよいのであって、その他人の判断を基準にして自己の行動の方針を定める。

日本人の行動の指針は本人の意思や善悪という基準ではなく、世間体や「人の口」に基づき決定されるというわけです。よって、「恥を感じやすい人間こそ、善行のあらゆる掟を実行する人」になるわけです。もっとも「恥」だけでは日本人の行動方針を理解することは不可能であると言っています。

「義理」について

「義理」は日本独特の考え方であり、二つに分類されます。「世間に対する義理」、すなわち「同輩に『恩』を返す義務」と、「名に対する義理」、すなわち「自分の名と名声とを他人からそしりを受けて汚さないようにする義務」です。

前者の「世間に対する義理」とは、「契約関係の履行」と考えられ、法律上の家族に対する義務になります。したがって、どんな犠牲を払ってでも人は義理の家族に対する義務を果たさなければならないのですが、特に重いのが、嫁の姑に対する「義理」です。理由は「嫁は自分の生家とは違う他家にいって、そこで暮らさねばならないから」です。さもないと、「『義理を知らない人間』と呼ばれ、世人の前で恥をかく」ことになってしまいます。要するに「世間の取沙汰が恐ろしいからである」ということになります。

後者の「名に対する義理」とは、「自分の名声を汚さないようにする義務」であり、「自己の名声を輝かすさまざまの行為」です。そのためには「恥を引き起こし、名に対する『義理』が問題となるような事態を避けるために、あらゆる種類の礼法が組みたれられ」ており、「……日本人は失敗が恥辱を招くような機会を避ける。彼らは人から侮辱を受けた汚名をすすぐ義務を非常に強調するのであるが、実際にはこのことが彼らをして、できるだけ侮辱を感じる機会が少なくなるように事柄を処理せしめる」ということです。

相談者に戻ります。このように、「義理」の背後には「恥」が根を深く下ろしているのが読み取れます。相談者の自己犠牲を「恥の文化」という観点からすると、相談者は「恥」を恐れて自己犠牲を甘受しなければならない状況にあります。その「恥」とは世間からの悪評、すなわち「義理を知らない人間」というレッテルを貼られてしまうということですが、さらにそれが「恥」を引き起こします。つまり「恥」のスパイラルに陥っていると言えます。相談者の場合は「嫁」という立場がそれに拍車をかけています。

2　事例6の「女性が嫁いだ後に発生する実家との問題」の一つの背景「自然環境」について

多くの女性は実家を離れ夫の家の姓を継ぎ、その家の人になります。現代では、嫁が実家を頻繁に帰省することに対する違和感はかなり薄らいできています。そして実家では我が物顔に振る舞うことも多々耳にします。この相談者の義姉も例外ではありません。このような嫁に行った娘の態度について、本書では和辻哲郎が述べる「家」という概念が一つの背景にあると考えます。

１９３５年に岩波書店から和辻哲郎の『風土―人間学的分析』が刊行されました。和辻哲郎は哲学者でもあり倫理学者でもあります。和辻哲郎は『風土』が目指すところとして「人間存在の構造契機としての風土性を明らかにすること」であって、「自然環境がいかに人間生活を規定するかということが問題なのではない」と述べています。

『風土』において、風土的類型として、「モンスーン」、「砂漠」、「牧場」に分けています。モンスーン地域における人間の存在の仕方を「モンスーン的」と名づけ、日本人をモンスーン的、すなわち「受容的・忍従的」としています。

そして日本の国民的性格を次のように述べています。「……豊かに流露する感情が変化においてひそかに持久しつつその持久的変化の各瞬間に突発性を含むこと、及びこの活発なる感情が反抗においてあきらめに沈み、突発的な昂揚の裏に俄然たるあきらめの静かさを蔵すること、において規定せられる。それはしめやかな激情、戦闘的な快淡である。」

そしてこの国民的性格を「個人にして社会」、すなわち「間柄」における「人」であるとし、「共同態」に注目します。その最も手短なものは「男女の間」であり、「男女の間はあくまでも夫婦親子の間にもとづくと言わねばならぬ。これが『家族』としての人間の共同態である」と述べています。モンスーン的な家族である日本は、「家族的な生活の共同に最も強く重心」を置いています。

日本の家族の存在の仕方として、夫婦の間・親子の間・兄弟の間が、第一に、「全然距てなき結合を目ざすところのしめやかな情愛」であり、それは第二として、「しめやかであると同時に激情的」になり、よって第三として、「家族的な『間』は生命を惜しまない勇敢な・戦闘的な態度となって現われ」、したがって第四として、「人はきわめて快淡に己れの命をも捨てた。親のためあるいは子のために身命を賭すること、あるいは『家』のために生命を捨てること、それは我々の歴史において最も著しい現象」と述べています。つまるところ、「『家』としての日本の人間の存在の仕方は、しめやかな激情・戦闘的な快淡というごとき日本的な『間柄』を家族的に実現している」ということになります。

日本人の日常的な現象として、「家」を「うち」、「世間」を「そと」として把握し、「うち」においては「個人の区別は消滅する」、すなわち「『うち』としてはまさに『距てなき間柄』としての家族の全体性が把握せられ、それが『そと』となる世間と距てられるのである。［中略］かくてうち・そとの用法は日本の人間の存在の仕方の直接の理解を表現しているといってよい」と述べています。（以上、傍点はすべて著者）

相談者の義姉の問題に戻ります。義姉にとって実家とは育った家であり、親がいる家です。今となっては兄弟が家を継いでいたとしても、義姉にとっては実際に父親がいる実家は当然「そと」ではありませんので、「うち」意識が強く働いています。義姉の子どもにとってもそこは「うち」になります。よって「距てなき間柄」という見えざる〝味方〟の下、その家族の一員のごとく振る舞うのです。もっとも実家との血縁関係は揺るぎないものですが、戸籍上は他家の人であることから、言わば「そと」の人、すなわち〝お客さん〟でもあります。そこで「上げ膳据え膳」は当たり前という義姉にとっては都合のいい意識が生じることになります。

第七節　「罪悪感」について

『読売新聞』（2018/03/18）の「人生案内」に「良い人演じ罪悪感」という投稿がありました。

【事例７】

30代の専門学校生の男性。年齢が10歳以上離れた同級生たちが慕ってくれていることを知りました。うれしくて幸せなことですが、自分がずっと良い人を演じてきたためだと思い、罪悪感を抱いています。

社会人経験があるため、同級生の授業態度や学校行事での活動ぶりで腹が立つこともありました。しかし、クラスの空気が悪くなったり、嫌われたりするのが怖くて、見て見ぬふりをしてきました。かつての職場で叱るべき時に叱ってくれた先輩を思い出すと、自分はその役割をしてこなかったと感じます。

私は4月に就職するため、学校を中退します。みんな、私との別れを惜しんでくれますが、私は申し訳ない気持ちでいっぱいです。社会に戻る上で、良い人を演じ続けようとする姿勢を改める必要があるとも思います。

仏のように思われ続けることについて、どう気持ちを整理すればいいでしょうか。(神奈川・N男)

相談者のように、その場の空気を察して、または嫌われたくないという意識から〝良い子〟を演じて、見て見ぬふりをしてしまい、その結果罪悪感にさいなまれるといった日本人は多いのではないでしょうか。以下に、〈知識〉の観点から分析します。

1　事例7の一つの背景「場の倫理」について

河合隼雄によると、日本の社会と西洋の社会との比較において、日本の社会を「母性社会」と特徴付けています。その中においては次のような現象が起こります。

日本人が何らかの集団をつくるとき、一つの場が形成され、その場全体が母性的な安全感に包まれていることが理想とされるので、個々の成員は、おのおのの個人的欲求を満たすよりも、全体の場の平衡状態を維持することの方に優位をおくことになる。「がやがや騒がなくとも、黙って待っていたら、お母さんが必ずよくしてくれるのだから……」という態度を身につけることが大切なのである。そして、母なる存在は、子どもの行動に対して許容度が高いので、何をしても許されるようなところがあるが、ただひとつやってはならないことは、母の膝元を離れてしまうことである。母の領域から外に出た者は「赤の他人」であり、それに対しては母は何らの責任も持たないのである。したがって、日本人にとって一番大切なことは、自分もその場に「入れて貰っている」かどうかということにある。（河合隼雄著『日本人とアイデンティティ』）

河合隼雄によると、職場や家庭内といった何らかの集団における人間関係の底には倫理観の葛藤が存在しています。すなわち「場の倫理」と「個の倫理」です。前者は「そこに出来た『場』の平衡状態の維持に高い評価」を与え、その傾向は「日本的」であり、後者は「個人の欲求を充足することに高い評価」を与え、その傾向は「西洋的」ということになります。

相談者に戻ります。「場の倫理」に基づく日本では、自己主張を強く言語的にしてしまうことは集団からの排除を意味し、寄る辺なき身を強いられることになります。相談者はこの「場の倫理」を直感的に摑んでいるということになります。摑んでいるがゆえに、人としての〝正しい〟あり方を取るのか、「場の平衡状態」を保つのかというダブルバインドの状態に苦しんでいるのです。

多くの日本人はこのダブルバインドに悩んでいます。これらの折衷案を見出すことが処世術の一つであることは言うまでもありませんが、それは容易なことではありません。

第八節　「自己否定」について

『読売新聞』（2018/01/19）の「人生案内」に「就職してから自己否定ばかり」という投稿がありました。

【事例8】

20代前半の会社員女性。自己否定する癖が直りません。

学生時代までは勉強も部活も頑張り、留学もし、成長することに楽しさを感じていました。失敗もチャンスと捉え、改善しようという意識がありました。

しかし、営業職として就職してから、口下手でイライラさせるなど、全てがうまくいかず、自分が劣っていると実感するようになりました。新規の顧客を開拓しても、「私なんか、取引していただいて申し訳ない」と考えてしまいます。

マイナスの感情が表情に出てしまうため、周囲を不快な気持ちにさせ、さらに自己嫌悪を感じる悪循環に陥っています。指導してくれる先輩や上司に申し訳ない気持ちです。

自分で自分を否定することで、嫌なことから逃げようとしているのだということはわかっています。ただ、色々な自己啓発本を読んでも、一向にマイナス思考が直りません。

弱い自分とどう付き合っていけばいいでしょうか。(宮城・S子)

学生時代にはなかったが、組織の一員として歯車が回り出したら負のスパイラルに陥ってしまったということはよくあることです。以下に、〈知識〉の観点から分析します。

1　事例8の一つの背景　「場」における「タテ」構造について

社会人類学者の中根千枝は女性初の東京大学の教授であり、文化勲章受章者です。1967年に中根千枝の『タテ社会の人間関係』が刊行されました。この本の「タテ社会」という分析は多くに引用されています。中根は、「場」について次のように述べています。

> 一定の個人からなる社会集団の構成の要因を、きわめて抽象的にとらえると、二つの異なる原理―**資格**と**場**―が設定できる。すなわち、集団構成の第一条件が、それを構成する個人の「資格」の共通性にあるものと、「場」の共有によるものである。〔中略〕
> ……「場による」というのは、一定の地域とか、所属機関などのように、資格の相違をとわず、一定の枠によって、一定の個人が集団を構成している場合をさす。たとえば、××村の成員というように。産業界を例にとれば、旋盤工というのは資格であり、P会社の社員というのは場による設定である。同様に、教授・事務員・学生というのは、それぞれ資格であり、P大学の者というのは場である。

日本の集団意識は「場」に置かれており、現実的に個人は一つの集団にしか所属できません。「場」の共通性によって構成された集団は「枠」によって閉ざされた世界を形成します。その世界が大きい場合には一定の組織が必要になり、そこには日本のあらゆる社会集団に共通した構造、すなわち「『タテ』の組織」が存在します。「『タテ』の関係とは、同列におかれないA・Bを結ぶ関係」であり、「『ヨコ』の関係は、同質のもの、あるいは同列に立つX・Yによって設定」されます。

……日本における社会集団構成のあり方から理論的に予測される「タテ」の関係は、実際に強調され、機能をもち、それが現実の集団構成員の結合の構造原理となると、たとえ同一集団内の同一資格を有する者であっても、それが「タテ」の運動に影響されて、何らかの方法で「差」が設定され、強調されることによって、いわゆる驚くほど精緻な序列が形成される。

［中略］

……同じ資格、あるいは身分を有する者の間にあっても、つねに序列による差が意識され、また実際それが存在するということは、その集団内の個々人にとっては、直接的な関心事であるゆえに、それが職種・身分・位階による相違以上の重要性をもちやすいのである。そして事実、先輩・後輩の序列は社会集団内において驚くほどの機能をもっている。（以上、傍点はすべて著者）

日本の組織は「タテ」の運動に影響されることから、同じ資格があったとしても、何らかの方法で「差」が設定されてしまい、驚くほど精緻な序列が形成されてしまいます。その序列とは、能力平等主義を前提としていることから、個人の能力とは直接関係のない道標、すなわち（同じ資格を有していても）生年・入社年次・勤続期間の長短などが考慮されます。しかしながら日本人がいかに序列偏重とはいえ、個人の能力を無視するわけにもいかず、序列システムの枠内で、能力の評価は行われます。

2　事例8の一つの背景　人間の「基本的欲求」について

エイブラハム・H・マズローというアメリカの心理学者がいます。マズローは人間には五段階の「基本的欲求」があると唱えています。

第一段階目の低次の欲求が満たされると第二段階目の欲求が現れるといった具合に、順を追って第五段階目の高次の欲求が出現します。

以下は、マズロー著『人間性の心理学―モチベーションとパーソナリティ』を基に進めます。

①　第一段階「生理的欲求」

本能や欲望と言われているもので、食欲、睡眠欲、性欲などのことです。

「食物、安全、愛情、尊敬などを失った人では、恐らく食物への飢えが他の何ものよりも強いであろう」と述べています。

②　第二段階「安全の欲求」

生理的欲求が比較的よく満足されると、この欲求が現れます。「安全の欲求」とは「安全、安定、依存、保護、恐怖・不安・混乱からの自由、構造・秩序・法・制限を求める欲求、保護の強固さなど」です。

③　第三段階「所属と愛の欲求」

生理的欲求と安全欲求の両方が充分に満たされると、この第三段階目が現れます。「所属と愛の欲求」とは、友達や恋人、配偶者や子どもなどのいない人は「人々との愛情に満ちた関係に飢えて」いる、つまり「所属する集団や家族においての位置を切望しているのであり、この目標達成のために一生懸命、努力することになる」と述べています。さらに「人間社会で、この欲求が妨害されることが、不適応やさらに重度の病理の最も一般的な原因となっている」とも言っています。

④　第四段階目「承認の欲求」

「承認の欲求」とは、社会においては、人は皆「安定したしっかりした根拠をもつ自己に対する高い評価、自己尊敬、あるいは自尊心、他者からの承認などに対する欲求・願望をもっている」となります。

⑤　第五段階「自己実現の欲求」

人は第四段階目までが満たされたとしても「自分に適していることをしていないかぎり、すぐに（いつもではないにしても）新しい不満が生じ落ち着かなくなってくる」ということであり、よって、「人は、自分がなりうるものにならなければならない。人は、自分自身の本性に忠実でなければならない」と述べています。これが「自己実現の欲求」ということになります。（傍点は著者）

ここで相談者に戻ります。相談者は組織に属しています。そこではすでに先輩・後輩という序列は言うまでもなく、同僚間でも何らかを基準として序列が形成されます。営業職に就いている相談者の営業成績も間違いなくその何らかの基準の一つになっています。相談者の営業成績は、「営業職として就職してから、口下手でイライラさせるなど、すべてがうまくいかず」と書いていることから、いいとは考えられません。以上から、相談者の序列は高くはないはずです。この序列により体面を傷つけられ、結果的に自分のすべてを否定されてしまったと思い、それが自己否定につながっていったと考えられます。

そもそも相談者は勉強も部活も頑張り、留学もし、成長することに楽しさを感じてきた人です。プライドも高いし自信も持っていました。以上から「承認の欲求」も強いと言えるでしょう。そのような人が「タテ」社会で納得がいかない序列をつけられたのです。相談者の心中を察するに、「なんでこの私が……」「私はもっとできるはずなのに……」ということになります。相談者の人生がそれまでは順風満帆でプライドも高く、自信があったがゆえに苦しいのです。

日本の社会組織においては、「タテ」という構造がめぐらされているので、上・下という序列から人には自ずと優越感や劣等感が生じ、劣等感から自己否定という意識が芽生えます。つまり人との比較から生じるのです。これらの経験は相談者のみならず、多くの人が経験しているところでもあります。

第九節　「母親」について

『読売新聞』（2018/03/16）の「人生案内」に「大学進学後も母に干渉されそう」という投稿がありました。

【事例９】

10代の女性。一人っ子で、母から何事も干渉されてきました。４月から大学生になり、一人暮らしを始めますが、人生の邪魔をされそうで不安です。

過干渉は幼稚園の頃からで、勧められて入った中高一貫校では、希望を聞いてもらえず吹奏楽部に入れられました。母の敷いたレールを走らされていることに気付いて訴えても、「決めたのはあなただ」と言って、聞いてくれませんでした。

私が反抗するようになってからは、物事がうまくいくと邪魔をするようになりました。ＳＮＳ（ソーシャル・ネットワーキング・サービス）で私の恋人をチェックして、「この人はやめた方がいい」と、別れさせようとしたことも。

大学は父の協力もあり、自分の意思で決めることができました。しかし遠距離の分、干渉がひどくなり、大学生活が楽しそうだったら邪魔されるのではないかと、怖しくてたまりません。私のことが心配で仕方ないのでしょうが、今後、どう付き合えばいいか分かりません。（広島・E子）

相談者は母親の支配を恐れています。このように母親の〝陰〟の部分に苦しむという経験は多かれ少なかれ誰にでもあるのではないでしょうか。以下に、〈知識〉の観点から分析します。

1　事例9の一つの背景「母性」の二面性について

河合隼雄は母性の原理を「包含する」機能としています。母性原理は「その肯定的な面においては、生み育てるものであり、否定的には、呑みこみ、しがみつきして、死に到らしめる面をもっている」（河合隼雄著『母性社会日本の病理』）と述べています。

肯定的な面は理解できますが、否定的な面、すなわち子どもを死に至らしめるという面がわかりにくいと思います。それは「母親は子供が勝手に母親の膝元を離れることを許さない。それは子供の危険を守るためでもあるし、母―子一体という根本原理の破壊を許さぬためといってもよい。このようなとき、時に動物の母親が実際にすることがあるが、母は子供を呑み込んでしまうのである」（前掲書）ということになります。

一方、父性原理は「切断する」機能の特性を示します。「それはすべてのものを切断し分割する。主体と客体、善と悪、上と下などに分類し、母性がすべての子供を平等に扱うのに対して、子供をその能力や個性に応じて類別」（前掲書）します。

日本の傾向は母性的な面を優勢とします。この母親の二面性については「グレートマザー」という元型論の観点から分析します。

「グレートマザー」について

C・G・ユングという人がいます。ユングは精神科医でもあり、心理学者でもありました。ユングは「分析心理学」、すなわち「深層心理学」（「心の中の無意識の部分を研究する心理学。また、意識生活を無意識によって説明する心理学。主として精神分析をさす」『スーパー大辞林3・0』）を創始しました。精神分析の創始者といえばジークムント・フロイトですが、フロイトの精神分析は、無意識の領域に抑圧された性的衝動（リビドー）という観点から分析することを提唱したのに対し、ユングの精神分析は、意識は無意識から創造されるとし、無意識を重要視します。

ユングには「集合的無意識」や「元型」といった重要な概念があります。『元型論』から引用します。

集合的無意識とは「こころ」全体の中で、個人的体験に由来するのではなく、したがって個人的に獲得されたものではないという否定法によって個人的無意識から区別されうる部分のことである。個人的無意識が、一度は意識されながら、忘れられたり抑圧されたりしたために意識から消え去った内容から成り立っているのに対して、集合的無意識の内容は一度も意識されたことがなく、それゆえ決して個人的に獲得されたものではなく、もっぱら遺伝によって存在している。個人的無意識がほとんどコンプレックスから成り立っているのに対して、集合的無意識は本質的に元型によって構成されている。

元型という概念は集合的無意識の観念に必ずついてまわるものであるが、それは「こころ」にはいくつもの特定の型式があるということを意味している。しかもそれらの形式はいつの時代にもどこにでも見出されるのである。

……元型は原理的には名づけることができるし、不変な意味の中核をもっているが、これは決して具体的にではなく、つねに原理的にのみ、元型の現われ方を決定する。たとえば母親元型がそのときどきで実際にいかに現われるかは、その元型だけからは導き出すことができず、それは他の諸要因によるのである。

元型の数は神話の数ほどあると言っていいでしょう。ユングは元型で特に重要なものとして以下のものを取り上げています。すなわち、影（シャドウ）という影の元型、アニマ・アニムスという異性の元型、老賢人（オールド・ワイズ・マン）という父の元型、太母（グレートマザー）という母の元型、そして自己（セルフ）とペルソナです。自己（セルフ）は意識と無意識とを含んだ心の全体の中心であり、ペルソナは社会に適応するための外面的な仮面となります。

母なるものの元型をグレートマザーと呼んでいるのは、実母のイメージと区別するためです。グレートマザーの本質を暗示する特徴をあげます。

> 母親元型の特性は「母性」である。すなわち、まさに女性的なものの不思議な権威。理性とはちがう知恵と精神的高さ。慈悲深いもの、保護するもの、支えるもの、成長と豊穣と作物を与えるもの。不思議な変容―再生―の場。助けてくれる本能または衝動。秘密の、隠されたもの、暗闇、深淵、死者の世界、呑みこみ、誘惑し、毒を盛るもの、恐れをかき立て、逃れられないもの。［中略］これらの両面的な特性を私は……やさしく、かつ恐ろしい母として定式化した。（以上、傍点はすべて著者）

このように母なるものには二つの相貌があります。仏教にも「鬼子母神」（「千人の子があったが、他人の子を取って食い殺したため、仏はその最愛の一児を隠してこれを教化し、のち仏に帰依して出産・育児の神となった」『デジタル大辞泉』）があります。

相談者に戻ります。相談者の母親は相談者を心配し保護をしていますが、同時に支配し恐れをかき立て逃れられない状況をつくり出しています。この母親は単に相談者にとっての生きている母親に過ぎませんが、この母親にはグレートマザーが無意識のうちに反映されているという見方も可能です。この母親もある意味、グレートマザーの犠牲者といえます。

相談者は実母の言動を恐れているのは明らかですが、まとわりつかれ破滅させられそうな底知れぬ恐怖はむしろ、相談者の無意識に存在するグレートマザーから生じていると言っていいかもしれません。

第十節 「孤独」について

今まで、日本の文化・社会について分析してきました。そこからは「和」、「調和」、「場の倫理」、「タテ社会」といった構造が読み取れました。人はそこから出ないよう、もしくは出されないように身を削ることになりますが、次の事例は現実に出てしまった、もしくは出されてしまった例となります。このような状況は日本においては多いと推測されます。よって、最後に取り上げることにします。

『読売新聞』(2018/03/14) の「人生案内」に「就活がうまくいかない」という投稿がありました。

【事例10】

大学4年の男性。就職活動がうまくいきません。企業や役所など30か所近くの採用試験を受けましたが、必ず面接で落とされます。

原因はわかっています。他人に好かれたいとは思わない性格、大学時代に友人を作らず、アルバイトもサークル活動もしなかったため、明るいエピソードなど一つもないこと、これがやりたいのだという熱意がないこと―などです。採用する側は一緒に働きたいと思える人を求めており、私が面接官だったら、私のような人物は採用しないだろうと思います。

しかし、私は、求められるような人間にはなれないし、なりたいとも思いません。友人がいないと駄目なのか、大学時代はハッピーに過ごさないといけないのか、働きたいという熱意がないと駄目なのか、と思ってしまうのです。

最近は、人生で面白いことは、もうないだろうと思っています。情けない男です。(埼玉・N男)

相談者は「求められるような人間にはなれないし、なりたいとも思いません」と言っていることから、自分を変える気はありません。しかし自分のことを「情けない男」と言っていることから、自分のことは好きではありません。自分のことを情けないと思いながらも変えようとしません。しかしながらその生き方に方向性が見出せないでいます。よって、不特定多数の人が見る新聞に自分の恥部を公にし、アドバイスを求めているのです　要するに、孤立無援の一匹オオカミとして生きることを選んだものの、自分で獲物を捕って生きていくことができないので何とかしてほしいというわけです。以下に、〈知識〉の観点から分析します。

1　事例10の一つの背景「甘え」について

1971年、土居健郎の『「甘え」の構造』が刊行されました（本書は初版ではなく1991年の第三版一刷を参照・引用します）。精神科医であり精神分析家でもある土居健郎は『「甘え」の構造』の冒頭部分となる「刊行二十周年に際して」と題した文の中で、「私はこの機会に本書を再読してみたが、自分から言うのもおこがましいが、まあ、これだけのことを書いたものだと思う。特にこの際訂正したい箇所も見つからなかったし、内容的にも決して古びていない。もちろん記述が完璧だというのではない。その証拠に本書はこれまでいろいろ批判されて来たし、今後も批判されるであろう」と述べています。

土居健郎の「甘え」が今でも日本人の中に息づいていると考えることから、この「甘え」を取り上げることにします。

土居健郎の「甘え」とは次のようなものになります。

……甘えとは、乳児の精神がある程度発達して、母親が自分とは別の存在であることを知覚した後に、その母親を求めることを指していう言葉である。いいかえれば甘え始めるまでは、乳児の精神生活はいわば胎児の延長で、母子未分化の状態にあると考えなければならない。しかし精神の発達とともに次第に自分と母親が別々の存在であることを知覚し、しかもその別の存在である母親が自分に欠くべからざるものであることを感じて母親に密着することを求めることが甘えであるということができるのである。[中略]……甘えの心理は、人間存在に本来つきものの分離の事実を否定し、分離の痛みを止揚しようとすることであると定義することができるのである。

さらに同書の「甘え再考」にはもう少しわかりやすく書かれています。

……「甘え」はまず一義的には感情である。この感情は欲求的性格をもち、その根底に本能的なものが存在する。[中略]

そこで「甘え」の感情とはどのようなものであるかということになるが、その前に一般的に感情といわれるものが持っている性質についてのべると、感情は喜怒哀楽その他何であれ、感情の主である本人が周囲との間にもっている関係を示す点で共通しているということができる。では「甘え」の感情が示唆する関係はどのようなものであるかというと、相手に接近しようとする動きが最も特徴的である。それで私は「甘えの心理的原型」の項において「甘え」を定義した際、それは本来「乳児が母親に密着することを求めること」であり、もっと一般的には、「人間存在に本来つきものの分離の事実を否定し、分離の痛みを止揚しようとすることである」とのべたのである。

もっとも「甘え」自体が悪いわけではありません。「『甘え』はそれなくしては精神が成長しないぐらい重要な心の働き」であって、「『甘え』が何らかの理由により否認され、あるいは意識下に抑圧された場合には害をなすであろう」（前掲書）と述べています。言い換えると「小さいとき甘えられなかった人間は、それこそ自立もできなくなるのです」（土居健郎・齋藤孝著『「甘え」と日本人』）ということになります。

相談者について具体的に分析します。第二章で土居健郎は「甘える」という言葉以外に多数の言葉が甘えの感情を表現していると述べています。例えば、「すねる、ひがむ、ひねくれる、うらむ、たのむ、とりいる、気がね、わだかまり、てれる、食う、呑む、なめる」です。これらの言葉には「甘え」の感情は存在していませんが、甘えたい気持ちが底に潜んでいると述べています。

相談者とこれらの言葉の関係について検討します。相談者は直接にそれらの言葉を使っているわけではありませんが、それらの意味を踏まえ相談者の状況に当てはめることにします。

相談者の大前提として新聞に投稿するという行為をしています。その行為の感情とは「相手に接近しようとする動き」であって、そもそもが「甘え」そのものなのです。言葉の観点から見ると、アドバイスを求めるという行為は「たのむ」という行為に対応します。「たのむ」とは「甘えさせて欲しいということに他ならない」という感情です。

相談者は現状に不満を感じながらも、そして自分なりに不利な状況を分析していても、今の自分でいることにこだわっています。「こだわる」とは「……人間関係の中でたのんだりとりいったりすることが容易にできない人である。もちろん彼にも甘えたい気持ちは人一倍あるのだが、しかし相手に受け容れられないのではないかという恐怖があって、それを素直に表現できない」という感情になります。

相談者は、「人に好かれたいとは思わない性格」、「明るいエピソードなど一つもない」、「ハッピーに過ごさないといけないのか」と言っていますが、これらは哲学的な問いなので、容易に答えが出る問題ではありません。

しかしこの事例においては、そもそも相談者には「甘え」という大前提があると考えることから、「甘え」は分析可能な有益な一つの側面になります。よってそれらを「すねる、ひがむ、ひねくれる」という言葉に対応すると考えます。

「すねる」の辞書的意味は「すなおに人に従わないで、不平がましい態度をとる」、「ひがむ」

は「物の見方がかたよっている。偏屈な考え方をする」、「ひねくれる」は「性質・考え方などがねじけて素直でなくなる」（『デジタル大辞泉』）となります。「人に従わない、偏屈な・素直でない」という状態は相談者に当てはまります。これらに「甘え」の感情を読み取ると、「すねる」とは「すねるのは素直にあまえられないからそうなるのであるが、しかしすねながら甘えているともいえる。『ふてくされる』『やけくそになる』というのはすねの結果起きる現象である。ひがむのは自分が不当な取り扱いを受けていると曲解することであるが、それは自分の甘えの当てがはずれたことに起因している。ひねくれるのは甘えることをしないで却って相手に背を向けることであるが、それはひそかに相手に対し含むところがあるからである」ということになります。

相談者は人から孤立することを良しとしています。人を尊重する姿勢があるならば人から離れることはできません。ここから「食う、呑む、なめる」という言葉が対応します。「人を食ったり、呑んだり、またなめたりしている者は、表面的には威勢よさそうに見えるが、しかし内心は孤立無援なのである。彼らは本当は甘えを超越しているのではなく、むしろ甘えの欠損をカバーするために、このような行動に出ると考えられる」ということです。

2　事例10の一つの背景　人間の「基本的欲求」について

マズローの人間の「基本的欲求」については、事例8の所で述べたので、本事例に関する第三段階目の「所属と愛の欲求」についてのみ再掲します。

第三段階は「所属と愛の欲求」です。

生理的欲求と安全欲求の両方が充分に満たされると、この第三段階目が現れます。「所属と愛の欲求」とは、友達や恋人、配偶者や子どもなどのいない人は「人々との愛情に満ちた関係に飢えて」いる、つまり「所属する集団や家族においての位置を切望しているのであり、この目標達成のために一生懸命、努力することになる」と述べています。さらに「人間社会で、この欲求が妨害されることが、不適応やさらに重度の病理の最も一般的な原因となっている」とも言っています。（傍点は筆者）

相談者に戻ります。相談者は、表面的には自分の意思を通し威勢良さそうに見えますが、本質的には「甘え」で満ち満ちています。相談者が精神的にいかに厳しい状態にあるかということについて土居健郎の言葉を借りて確認しておきます。「人間は何らかの集団生活を営まなければ、生きることすら覚束無い。……精神障害者は、何らかの理由で集団生活に敗れて孤立したために不幸を招いている」（『「甘え」の構造』）。さらに、「所属と愛の欲求」が全く満たされていない、つまり「人間社会で、この欲求が妨害されることが、不適応やさらに重度の病理の最も一般的な原因となっている」という観点からも確認することができます。

昨今、このように世間に対して背を向けている人は想像以上に多いのかもしれません。このような状態に陥っている人は、主に「甘え」の観点から、真摯に自分自身と向き合ってみることにより思いの外良い効果が得られるかもしれません。今の自分に気づき、変えることには勇気と努力がいることでしょう。しかしそれは紛れもなく自分のためだということを忘れないでください。具体的な対処法は本書の第Ⅲ部が参考になると思います。

「四つの課題」はいかがでしたか。自由に背景の分析をしていただけましたか。思うようにできなかったとしても気にすることはありませんよ。大事なことは、皆さんがご自分の「現在の環境・状況」や芽生えた「意思」を冷静に分析し、今後の〈ポジティブ〉な方向性を見出し、「意志」を固めて「行動する」ことなのですから。

第Ⅱ部では、皆さんを〈神秘の世界〉へとお連れします。〈ワクワク〉しながら待っていてくださいね。

ここではのう、同じ場所にいようと思うたら、あたう限りの速さで走ることが必要なのじゃ。もしどこか別の所へ行こうつもりなら、少なくともその倍の速さで走らねばならん。

（ルイス・キャロル著　高山宏訳『鏡の国のアリス』）

Now, *here*, you see, it takes all the running you can do, to keep in the same place. If you want to get somewhere else, you must run at least twice as fast as that!

(Lewis Carroll, *Through the Looking-Glass*)

第Ⅱ部　〈量子論〉を学び〈高次の世界〉へ向かう

第Ⅱ部では、〈高次の世界〉を「インストール」する手段として、まず「量子論」を学び、そして〈量子論〉へと発展させます。〈量子論〉は〈高次の世界〉における方向性を示してくれます。具体的には、以下の通りです。

第一章と第二章では、「量子論」の基礎知識の説明をします。その理由ですが、「量子論」といっても一般の人には容易には理解できません。よって、本書で「量子論」の上澄みだけを短く記しても、(ただでさえわかりにくいのに)何となくわかるような気がするといった曖昧模糊とした理解で終わってしまうでしょう。したがって、本書の「科学的」という主旨を示す意味でも、あえて「量子論」の基礎知識を記すことにしました。

さらに「量子論」は「目に見えない世界」において論理体系が成り立っており、そこにおける考え方には明確な一貫性があります。同様に、目に見えない「人間の意識」や「心の世界」のことについて考える上で、この「量子論」における考え方が大変役立つ場合が多いのです。さらにはそれらを「科学的」に立証し解き明かしてくれる可能性もあるからです。必然的に、〈量子論〉に対する理解も深まっていくと考えます。

第三章では、「量子論」の基礎知識を基にして、〈科学的〉な視点を有する山田廣成氏と岸根卓郎氏の著作を取り上げ、〈知識〉を得て〈量子論〉へと迫っていきます。

読んでみてよくわからないとか、興味がわかないと思ったならば、次の第Ⅲ部を先に読んでいただいてもかまいません。後になって興味がわいたならば、読み返してください。とにかく皆さんが〈ワクワク〉しながら読み進めることが大事なのです。

それでは〈神秘の世界〉へ出発進行！

第一章　「量子論」の基礎知識　その1

本書を理解するためには「波動」にまつわる基礎知識が必要になります。よって、以下に簡潔に説明します。

第一節　「波動」について

「周波数」「波長」「振幅」「波形」について

波動は基本的に波であり振動でもあります。1秒間の振動数を「周波数」と言います。具体的に言うと、1秒間に繰り返される波の数のことで、ヘルツ（Hz）が単位です。例えば2ヘルツとは、波（山と谷で1セット）が1秒間に2回繰り返すことを指します（図1）。波は山と谷が交互に連続しますが、山と山の頂点、もしくは谷と谷の頂点を結んだ長さを「波長」、山の高さや谷の深さを「振幅」と言います（図2）。波長はその波動が一秒間に進んだ距離を周波数で割ったものなので、周波数が多くなれば波長は短くなり、周波数が少なくなれば波長は長くなります。すなわち、高周波とは波長が短くエネルギーが高く、低周波とは波長が長くエネルギーが低くなります。また、音波の場合には波長は同じであっても波形が異なれば音質が異

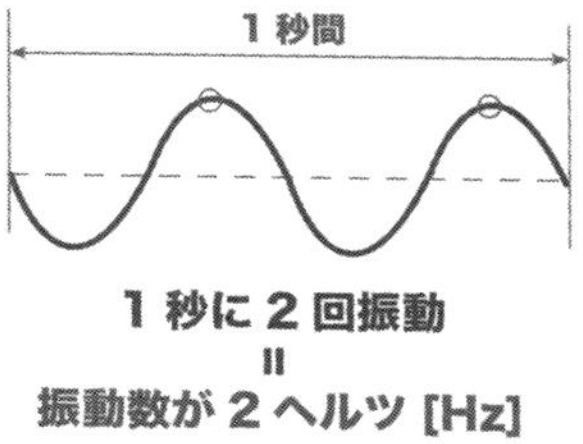

図1：1秒間の振動数
（http://media.qikeru.me より）

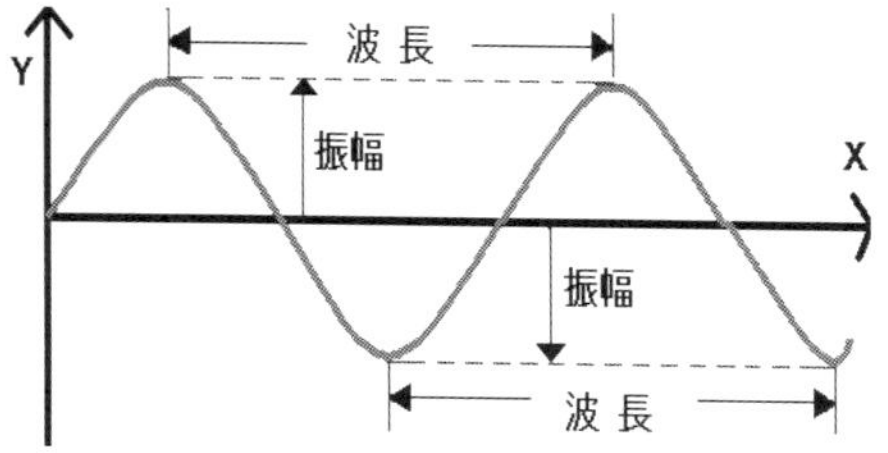

図2：波長、振幅
（http://www.osaka-kyoiku.ac.jp より）

なります。

「電磁波」について

電気のプラス・マイナスによる振動が真空や物質中を伝播する現象が電磁波です。電界の変化は磁界の変化も生みだすため、要するに、電磁波は電界と磁界の波動ということになります。因みに光も電磁波の一種です。電磁波は波長の短い方から、ガンマー線→エックス線→紫外線→可視光線→赤外線→マイクロ波→放送用の電波に分類されます。可視光線とは人が目で感じることのできる光のことです。波長が短い光から、紫→藍→青→緑→黄→橙→赤の順番で長い波長の光に変わります。赤色は周波数が低く、紫色は周波数が高くなります。赤色より周波数が低い色は肉眼では見ることができないので赤外線と呼ばれ、紫色より周波数が高い色も肉眼では見ることができないので紫外線と呼ばれます。

「携帯電話」について

この電磁波の特性を生かした技術として携帯電話があります。

例えば、ＡさんがＢさんの携帯電話にかけるとします。Ａさんの電話から基地局を通じてＢさんの携帯と同じ周波数・波長・振幅が発信されＢさんの携帯を探します。Ｂさんの携帯はそれらと同じ振動波をわずかに発信しているので、「共振／同調」してＡさんの電話とＢさんの携帯がつながるというわけです。

「気が合う／合わない」という波動について

このように波動は「共振／同調」、音の場合は「共鳴」し合います。以下、本書では「共振／同調」を「共鳴」と同じ意味とします。「共鳴」とは「振動体や電気振動回路などに固有振動数と等しい振動を外部から加えたとき、大きい振幅で振動すること」(『スーパー大辞林３．０』)です。

大事なことは、私たちはどの波動と共鳴し合うかということです。

まず、音叉の実験を思い出してください。音叉同士は少し離して並列して置きます。

(1)　４４０ヘルツの音叉が二つある。片方の音叉を叩くと、もう一方もすぐに共鳴し音を発する。

(2)　４４０ヘルツの音叉と４４５ヘルツの音叉がある。４４０ヘルツの音叉を叩いても４４５ヘルツの音叉は反応しない。

(3) ４４０ヘルツと４４１ヘルツの音叉がある。４４０ヘルツの音叉を叩くと、４４１ヘルツの音叉はわずかに振動し同じような音を発する。
(4) ４４０ヘルツの倍数や約数でも共鳴する。

以上から、次のようなことがわかります。

［結論１］周波数が同じものは共鳴し合う。また極めて近い周波数のもの同士も（同じ周波数のもの同士ほどではないが）共鳴し合う。

［結論２］片方の音叉から発せられた音波は波動としてもう片方の音叉に伝わったということから、波動には「力」＝エネルギーがある。

［結論３］周波数の倍数や約数の波に共鳴する。


以上を人間関係に当てはめてみましょう。

私たちは人間関係において、実際に「波長が合う」、「波長が合わない」という言葉を使っています。

「波長が合う」とは、「相性がいい」とか「話が合う」などということで、自分の波動と相手のそれとが一致していることを言います。つまり共鳴し合って、エネルギー化しているのです。

それはまるで、同じ振幅の波の山と山が重なると元の２倍の高さの山になるように同調し増幅することと似ています。よって、エネルギーをいい形でやりとりしているので、一緒にいることが楽しく時間を忘れてしまうのです。

「波長が合わない」とは、「しっくりこない」とか「相容れない」などということで、自分の周波数と相手の周波数が合っていないので不協和音を奏でています。よって、エネルギーは相手に伝わらず疲労感を覚えてしまうことから、時間が長く感じられてしまうのです。

また、相手に「気合い負け」してしまう場合もあります。振幅の大きな波は振幅の小さな波を呑み込んでしまいますが、この状態が気合い負けの状態になります。このような場合、自分を取り戻すためには、自らも大きな波動を発信する必要があります。

「この世の物質と波動」について

以上から、波動は「送信機」と「受信機」が存在することによって初めてエネルギーとして作用することがわかります。要するに、送信機から送られるエネルギーを受け取る受信機を人間が持っていれば、善・悪を問わずその波動エネルギーを受けることになります。

人間は言うまでもなく、「この世に存在する物質は、ひとつの例外もなく波動を発しています。そして、それぞれの物質が発する波動は、お互いに影響を与えあい、干渉しあっています」（江本勝『幸運を呼び込む、日本一使える波動の本』）。よって、相槌を打ったり、相手を理解しようとすると相手の周波数に合ってくるので、相手がネガティブな場合にはネガティブに、ポジティブな場合にはポジティブになってきます。要するに、相手の影響を受けたければ相手の波動と合わせ、そうでなければ波動を合わせなければいいのです。

また、動かない単なる物体（例えば石など）と思っても、その物体を見た人の心の中からは固有の波動が発せられることがあります。好きな物とは共鳴し合いますから、自分の周囲に好きな物を置くとか所持することには大きな意味があることになります。

さらには作り手の「愛」がこもった作物や品物などからも私たちは作り手の波動を感じるので、その波動と共鳴し合うことにより、気持ちよく過ごすことができます。

第二章　「量子論」の基礎知識　その2

本章では、「量子論」の基礎知識を学びます。「量子論」というのは一般の人、特に女性には苦手な分野かもしれません。実際、私自身も「量子論」については専門外です。よって、難しい数学や物理の知識がなくても皆さんに理解していただけるよう簡潔にわかりやすく解説します。

読みにくいと思ったならば、無理する必要はありません。学校の教科書ではありません。〈ワクワク〉を大事にしましょう。

第一節　「量子論」とは

そもそも「量子論」の「量子」とは何でしょうか。「量子」とは quantum という英語の訳語で「小さい固まり・単位」という意味です。「量子」を「ひと固まりとして考えられる小さな単位量」（佐藤勝彦監修『〈図解〉量子論がみるみるわかる本』）とします。「量子論」とは「ミクロの世界に始まって自然界全体の仕組みがどうなっているのかを表した『考え方』や『思想』となり、「量子力学」とは「量子論に基づいて物理現象を記述するための『数学的な手段』（佐藤勝彦監修『「量子論」を楽しむ本』）となります。

以上の定義から、本書は「量子論」の立場を取ります。「量子論」は難解な分野ではありますが、楽しみながら読んでください。

量子の世界は従来の常識で理解できるような世界ではありません。１９６５年にノーベル物理学賞を受賞したリチャード・Ｐ・ファインマンは、「量子論を利用できる奴はたくさんいても、量子論を本当に理解している人は一人もいやしないさ」（『「量子論」を楽しむ本』）と言いました。ノーベル賞受賞者がこのように述べているのですから、一般人が容易に理解できるはずもありません。

しかしひるむ必要などありません。「そんな世界もあるんだ」といった気楽な気持ちで読み進めてください。繰り返しますが、第Ⅱ部の主旨はあくまで「目に見えない世界」、「内面の世界」の解明にあります。「量子論」の専門的な理解ではありません。よって、必要最低限のエッセンスのみを拾い上げ、極力わかりやすく簡潔に記していきます。本書により「量子論」に興味がわいた方は専門書をご覧ください。

〈本章の主な参考文献〉

大関真之著『先生、それって「量子」の仕業ですか？』
科学雑学研究倶楽部編『量子論のすべてがわかる本』
コリン・ブルース著『量子力学の解釈問題』
佐藤勝彦監修『「量子論」を楽しむ本』・『量子論がみるみるわかる本』

竹内薫著『面白くて眠れなくなる素粒子』
並木美喜雄著『量子力学入門』
森田邦久著『量子力学の哲学』
ニュートンムック『別冊Newton量子論（増補第4版）―相対論と双璧をなす物理学の大理論』・『Newtonライト 素粒子のきほん―この世界をつくっている最小の粒の正体とは？』
（以上、五十音順。一般向けの本となります。）

第二節　語彙編

「量子論」の世界を理解するためには存在物を構成するものを理解する必要があります。それらの説明をします。

「原子」と「分子」

地球上に存在するすべての物質は「原子」（約110種類）が様々な形で結びついた原子の集合体です。原子の大きさは原子の種類によって違いますが、直径約0・1ナノメートル（10のマイナス10乗メートル）です。ナノメートル＝nmとは1メートルの10億分の1（10のマイナス9乗メートル）です。

「分子」は、原子2個以上が結合してできた原子の塊です。分子を原子まで分解すると元の物質の性質は失われます。具体的に言うと、例えば、水（H_2O）は水素原子２個と酸素原子１個とが結びついて水分子になっていますが、水素原子と酸素原子を分解してしまうともはや水ではなくなってしまいます。分子の大きさは、原子の種類と数によります。例えば、C_{60}フラーレンの直径は約１nmです。C_{60}フラーレンとは60個の炭素原子のみで構成された空洞の球体をしたクラスター（集合体）で、サッカーボールのような形をしています。

「電子」と「原子核」

１８９７年、ニュージーランド生まれの物理学者Ｊ・Ｊ・トムソンは、原子には後に「電子」とわかる負の電荷を帯びた粒子が含まれていることを発見しました。

１９１１年、イギリスの物理学者アーネスト・ラザフォードは、原子のまん中には正の電荷を帯びた「原子核」が存在し、その周りには負の電荷を帯びた電子が回っているということを明らかにしました。これを「ラザフォードの原子模型」といい、図３に示します。その姿は太陽を回る惑星に似ているので「惑星モデル」とも言われています。

さらに数年後には正の電荷を帯びた「陽子」も発見しました。元素記号を並べた周期表がありますが、その配列は原子番号順に並べられています。原子番号は陽子の数と決まっており、各原子において陽子と電子の数は同じです。

詳細は後述しますが、「ラザフォードの原子模型」には重大な欠点があります。実際は電子

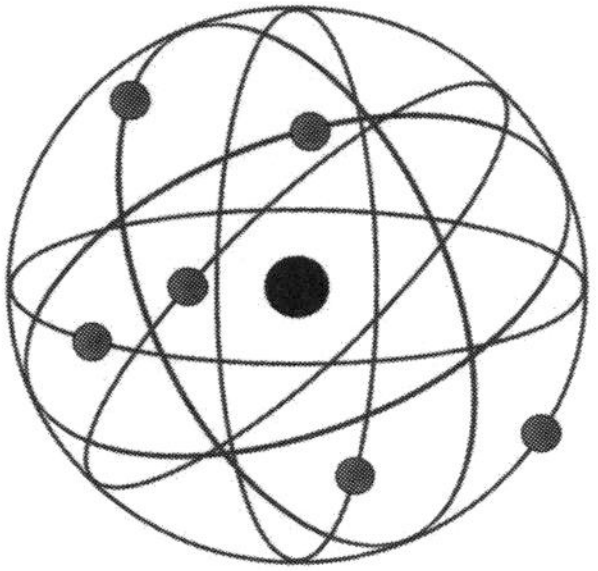

図３：ラザフォードの原子模型

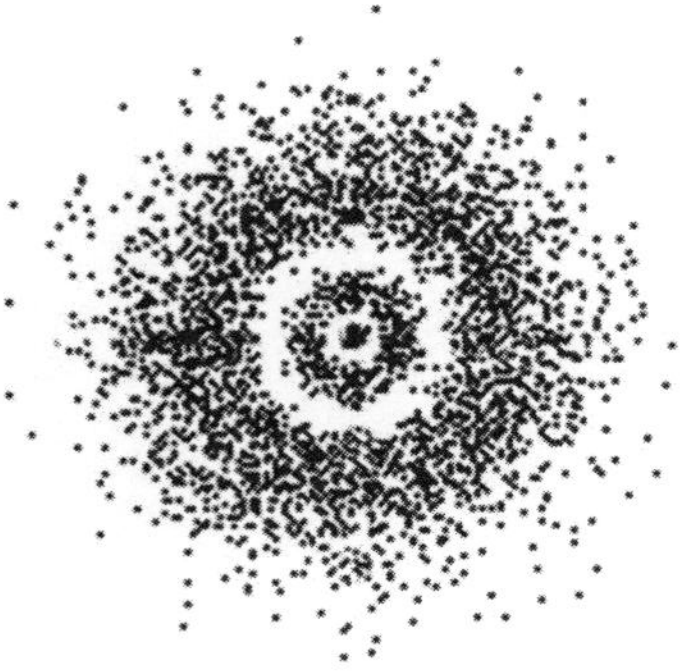

図４：電子雲

には惑星のような明確な軌道はありません。正確には図４のように電子が存在する可能性がある場所として示される「電子雲」として認識するべきです。

原子核の大きさは10のマイナス15乗メートルです。

１９３２年、ラザフォードの教え子であるイギリスの物理学者ジェームズ・チャドウィックは、原子核の内部には電気的には中性の「中性子」という粒子があることを発見しました。原子核を構成する陽子と中性子のことを「核子」と言います。

「中間子」

１９３５年、湯川秀樹が「中間子」という未知の粒子の存在を予言しました。「中間子」とは、原子核内で、陽子と中性子を結合させる強い力の媒介粒子（ボース粒子＝ボソン）のことです。その粒子は電子よりも重く陽子や中性子よりも軽いと見積もられ、中間子と名付けられました。その後、実際に中間子が発見されました。

「クォーク」

1963年、アメリカ・ニューヨーク生まれのマレー・ゲルマンが陽子や中性子はもっと小さな3種類の「クォーク」という粒子に分解できることを発見しました。

クォークの名前の由来は、ジェイムズ・ジョイスの小説『フィネガンズ・ウェイク』に登場する鳥が「quark! quark! quark!」と3回鳴いたことが、クォークが3種類の性質を持つことと一致したことにあるようです。クォークは「素粒子」の一種です。「素粒子」とは「それ以上分割できない粒子／物質の最小の単位」のことです。電子も素粒子です。物質を素粒子レベルまで分解すると、物質に当てはまる法則が当てはまらなくなります。つまり、電子や光子などのミクロの物質は粒でもあり波でもあるという矛盾する二面性を持っているということです。

現在では、クォークは6種類あることがわかっています。

・「アップ」「ダウン」→「第1世代」
・「チャーム」「ストレンジ」→「第2世代」
・「トップ」「ボトム」→「第3世代」

（「世代」とは性質の違いによる分類です。）

陽子や中性子は2種類のクォーク、すなわち陽子はアップクォーク2個とダウンクォーク1個、中性子はアップクォーク1個、ダウンクォーク2個からできています（図5）。

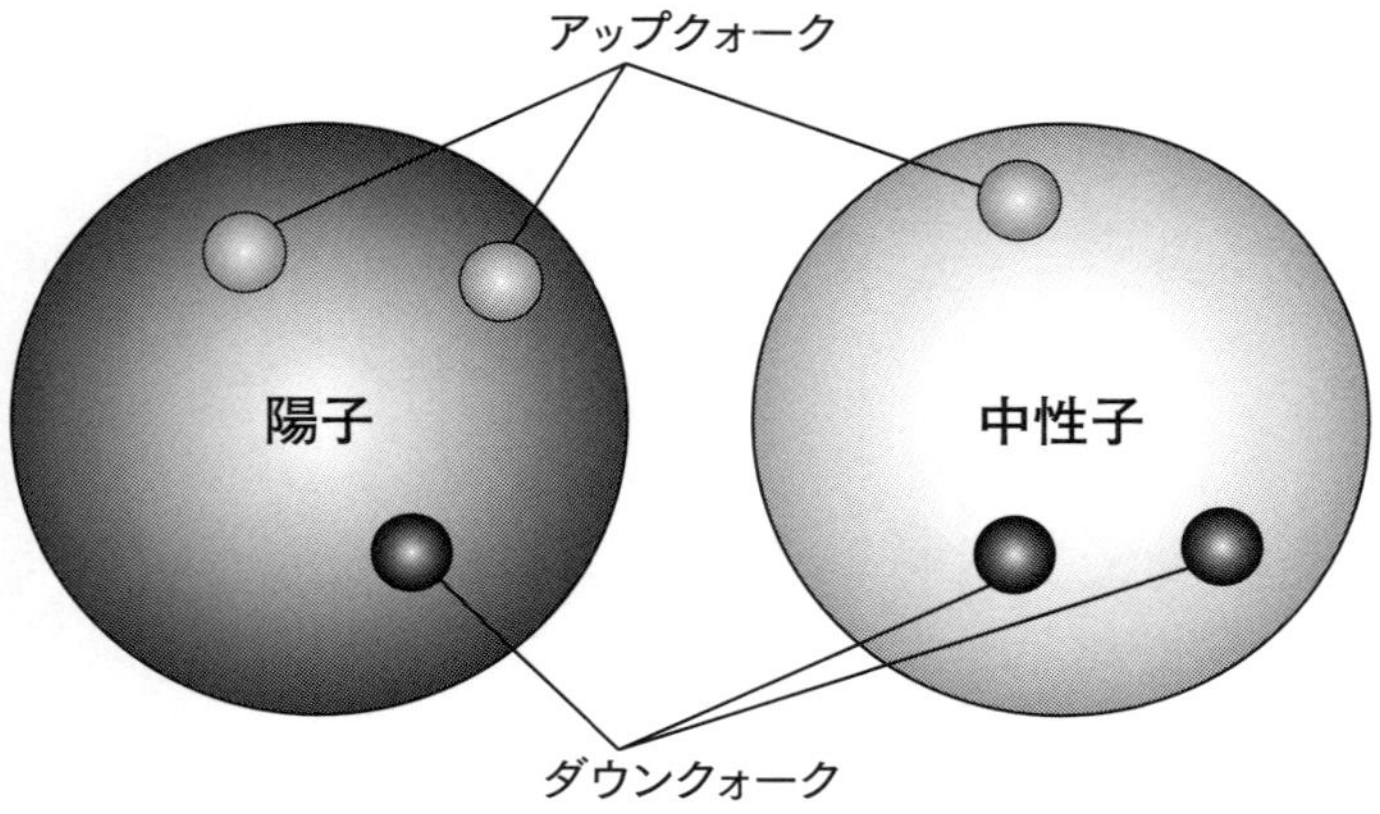

図５：原子核の内部

電子やクォークなどの素粒子は、最大で陽子の１万分の１程度、つまり、１ミリの１兆分の１のさらに１万分の１（10のマイナス19乗メートル程度）未満ということです。

「原子」「原子核」「素粒子」――大きさの具体的な比較

原子から素粒子までのおよその大きさを示しましたが、人間の認識できる範囲を超えていますので、実感として捉えられるものと比較します。原子を地球サイズ（直径約１万３千キロメートル）まで拡大すると、原子核は野球場くらいになり、素粒子は最大でも野球ボールくらいの大きさになります。したがって原子の内部はスカスカ状態になります。この部分は真空になっていると考えられています。

「レプトン」

クォークは陽子や中性子を形成しましたが、クォーク以外にも「レプトン」と呼ばれる6種類の素粒子のグループがあります。

[電子の仲間として負の電荷を帯びた3種類の荷電レプトン」

・「電子」

・「ミュー粒子」

・「タウ粒子」

[その対となる電荷を帯びていない3種類のニュートリノ」

・「電子ニュートリノ」

・「ミューニュートリノ」

・「タウニュートリノ」

「ゲージ粒子」

「それ以上分割できない粒子」のことを素粒子と言いましたが、素粒子の間で「力を伝える素粒子」もあります。それを「ゲージ粒子」と呼んでいます。素粒子の世界では4つの力が存在します。この4つの力で世界が作られています。

・重力＝重力子（未発見）
・弱い力＝ウィークボソン
・強い力＝グルーオン
・電磁気力＝光子＝フォトン

「弱い力」とは「電磁気力」よりも弱いという意味であり、「強い力」とはそれよりも強いという意味です。

「ヒッグス粒子」

２０１２年に「ヒッグス粒子」という素粒子が発見されました。この素粒子は「慣性質量」（その物体の運動の変化のしにくさを表す量）に関わります。素粒子に質量を与える素粒子、すなわち質量を持つ素粒子にくっつく性質があるということになります。よって、質量の大きい素粒子ほど強く働くので、質量の大きい素粒子は動きにくくなり運動状態が変化しにくくなります。ヒッグス粒子は空間に充満しています。そもそもは宇宙誕生から1兆分の1秒後に空間に充満したそうです。

「素粒子」のカテゴリー化

ヒッグス粒子の上位カテゴリーは「スカラー粒子」、その上位カテゴリーは「ボース粒子

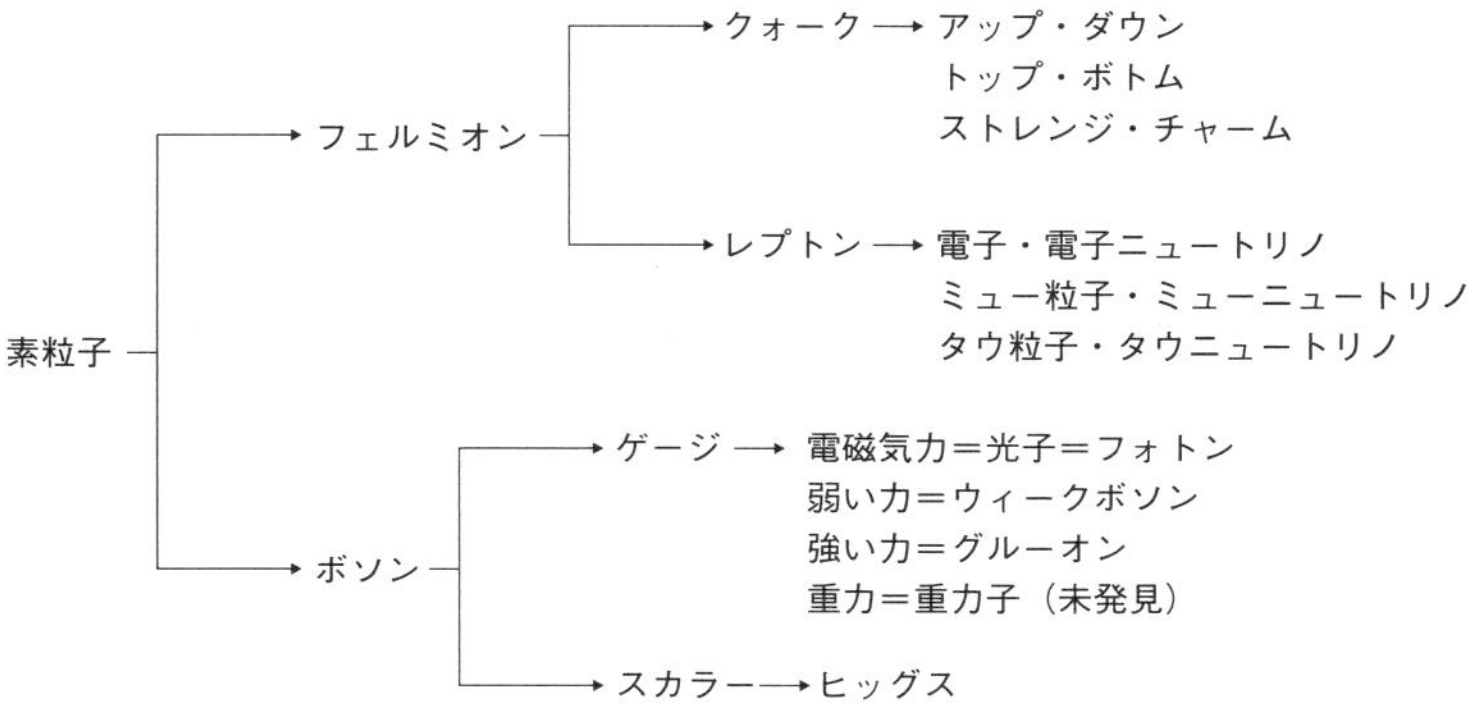

図6：素粒子のまとめ

（ボソン）」です。またクォークとレプトンの上位カテゴリーは「フェルミ粒子（フェルミオン）」です。

素粒子には自転の勢いに相当する「スピン」と呼ばれる値があります。スピンには種類があります。まず、右回りか左回りか、そして何回転するともとの位置に戻るかを示す「スピン1」（1回転でもとに戻る）と「スピン2分の1」（2回転でもとに戻る）です。整数のスピン1はボース粒子、半整数スピンはフェルミ粒子となります。スカラー粒子はスピンの値が0に固定されています。

以上の素粒子を図にすると図6のようになります。

第三節　歴史編

1　第一期　量子の誕生

イギリスの数学者・物理学者・天文学者アイザック・ニュートンは「光は粒である」と、ホイヘンスは「光は波である」と主張しました。このように17世紀以降、光の性質について論争が繰り広げられましたが、１８０７年、イギリスの物理学者トマス・ヤングは「ダブルスリットの通過実験」により、スクリーン上に明るい部分と暗い部分が相互に並んだ光の干渉縞を発見しました（詳細は後述します）。これにより光の正体は波であるということになり、光は波であるという説が支持を得るようになりました。

エネルギー量子仮説

量子という言葉を最初に提唱したのは「量子論の父」と呼ばれるドイツの物理学者マックス・プランクです。１９００年の12月、プランクは「エネルギー量子仮説」（光のエネルギーは、「とびとび」の値を取ると考える）を発表しました。

この理論は、溶鉱炉内の溶けた鉄の温度と鉄が放つ色との関係を調べることから始まりました。鉄は温度が上がるに従い、赤→オレンジ→黄色→白へと変化していきます。光の色が赤色ならば約６００度、白色ならば約１６００度といった具合に推定されていました。光の波長は高温になるに従い短いものが増え（例えば赤から白）、平均的な振動数は多くなります。さらに、光の振動数が増えるに従い放射されるエネルギーは高くなります。要するに、鉄が熱せられると色が変化するということは、それは周波数が高くなっているということであり、高周波とは波長が短くエネルギーが高いということになるからです。

プランクは放射されるエネルギーは振動数に比例するのではないかと考えました。式は、（放射される光のエネルギー）Ｅ＝ｈν（ニュー）です。（ｈ＝プランク定数×ν＝光の振動数）。因みに、「プランク定数」＝６・６２６×10のマイナス34乗、光（可視光線）の振動数＝約10の15乗となります。

この結果、光が持つエネルギーは連続的に流れているようなものではなく、一定の量の倍数であることがわかったのです。つまり、光のエネルギーはｈν、２ｈν、３ｈν……のようなｈν単位の整数倍といった「とびとび」の値を取るということです。よって、光のエネルギーは、不連続に変化する一個、二個と数えられる小さな固まりとして受け渡しをするようになっているため、エネルギーは一塊で一個分となるので、０・５個分とか２・３個分だけ吸収・放出はできないということになります。もっとも不連続に変化するといっても10のマイナス20乗ほどの微々たるものになります。

光電効果

「光電効果」（金属に紫外線を当てると電子が飛び出す現象）が発見されると、波としての性質を持つ光がなぜ光電効果を起こすのかが説明できなくなるという問題が起こりました。光が波であるという前提で光電効果を考えると、次のようになります。

・照射される紫外線が強くなれば（振幅が大きくなれば）、飛び出す電子の速度は大きくなるはずである。

しかし、光電効果の観測の結果は次のようなものでした。

・照射する紫外線を強くしても、飛び出す電子の速度は変わらない。

・飛び出す電子の速度は、照射される紫外線の波長によっており、波長を長くしていくと、ついには全く電子が放出されなくなる。

よって、光電効果は単純に光の波の性質からは説明できないということになります。

光量子仮説

1905年、ドイツ生まれの物理学者アルバート・アインシュタインがプランクの量子仮説にヒントを得て光電効果を説明するために「光量子仮説」（光には粒子の性質があるという仮説）を発表しました（「光量子」とは「光子」＝「フォトン」のことです）。

式はE＝hνでプランクと同じですが、プランクは、光は波動でエネルギーのやりとりがhνになっていると言っているのに対し、アインシュタインは光そのものがhνというエネルギー量を持った粒の集まりになっていると言っています。

具体的に言うと、波長が短い電磁波とは振動数が多い電磁波のことですが、この場合、エネルギーは大きくなります。したがって、光量子を金属板にぶつけると、金属と電子の結合が断ち切られて電子が飛び出してきます。振動数が少ない場合、光量子には金属と電子の結合を断ち切るだけのエネルギーがないため電子が飛び出さなくなります。大切なことは、低いエネルギーの光をどんなに強くしても、一切電子が放出されない点です。

以上から、放出される電子の運動エネルギーは、紫外線の強・弱ではなく、波長の長・短が影響を与えることがわかりました。また紫外線の波長が短いほどエネルギーを持っている光量子をぶつけることになり、光量子の数が多いほど飛び出す電子の数も増えるということもわかりました。

「光量子仮説」により、「光は波であると同時に粒子でもある」という光の二重性がわかってきました。ここまでが「量子論」の創生期です。

2 第二期 前期「量子論」

ラザフォードの原子模型

「ラザフォードの原子模型」（図3）を思い出してください。その姿は太陽を回る地球や地球を回る月に似ていました。この模型には重大な欠点があると記しましたが、それは「電子が原子核にぶつかってしまう」ということです。

その理由は以下の通りです。正の電荷を帯びた原子核とそれを周回する負の電荷を帯びた電子とはお互い引き合う関係にあるため、電子は中心に向かって加速度を増すことになります。すると電磁波を放出し、電子はその分だけエネルギーを失ってしまいます。よって最終的には、

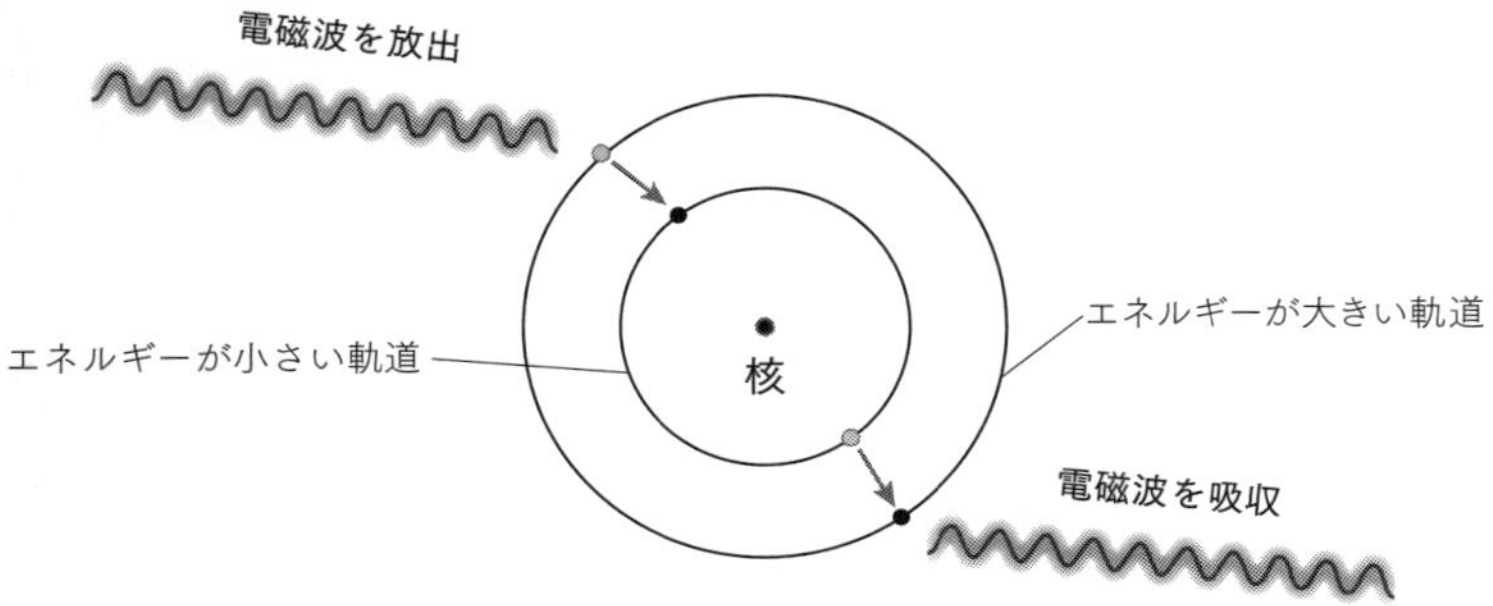

図7：ボーアの原子模型

電子は原子核に引かれて原子核とぶつかってしまうということになります。計算によると電子は１０００億分の1秒でエネルギーを失って原子核とぶつかってしまうそうです。

ボーアの原子模型

１９１３年デンマークの物理学者ニールス・ボーアが「ボーアの原子模型」を発表し、この問題を解決しました。ボーアは「原子核を周回する電子はエネルギーを失って原子核とぶつかることはない」という仮説をいきなり立てました。そしてこの仮説を前提に「量子条件」（光のエネルギーと同様に、電子の軌道半径もとびとびの値になる）と「振動数条件」（電子が決められた半径の軌道上を回っているときは光を放たないが、電子が軌道を変更する際には、エネルギーを光の形で放出したり吸収したりする）を考え出しました。これらの「条件」はエネルギー量子仮説や光量子仮説を土台にしています。このようにラザフォードの原子模型の物理学的矛盾を解消するために考案された原子の構造モデルを「ボーアの原子模型」（図

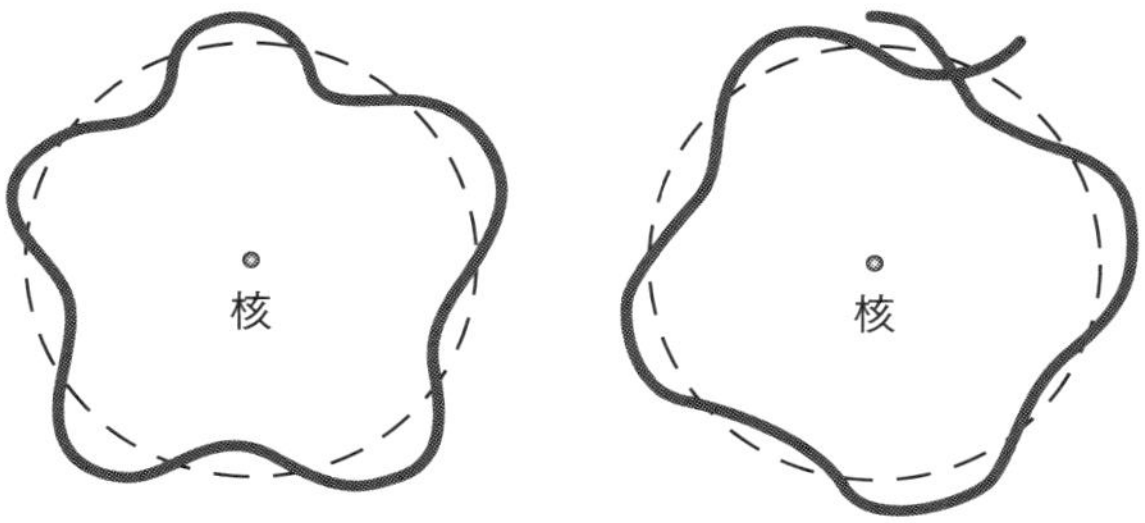

図８：ド・ブロイの原子模型

7）と呼びます。

原子の構造に量子を持ち込んだボーアの理論は、古典物理学から量子物理学への大きなステップとなり、「量子論」の位置づけでは「前期量子論」と呼ばれています。

3　第三期「量子論」の完成

ド・ブロイの原子模型

１９２４年、ボーアの二つの仮説がどのような意味を持つのかということについて、フランスの物理学者ルイ・ド・ブロイが光量子仮説からヒントを得て「電子を波として考える」という考えを打ち出しました。さらに電子は言うまでもなく、物質はすべて波であるとし、「物質波」と名付けました。

具体的に言うと、電子は原子核の周りを波として回っているということにより、電子の軌道に整数倍という条件がつくことの説明ができるということです。つまり原子核の周りの電子が波として連続するためには、図８の左側の図のように、一周してきた波の山と最初の波の山が重なる必要があります。そうでなければ図8の右側の図のように、山と谷が打ち消し合って波の振幅が小さくなってしまい、いずれは消えてしまいます。このように電子の波の一周の長さは必ず波の波長を整数倍したものとなります。

パウリの排他律

1925年、スイスの物理学者ヴォルフガング・パウリが化学と量子力学を結びつける「パウリの排他律」を発表しました。

「パウリの排他律」とは、そもそも物質の性質を決めるのは電子ですが、「一つの軌道に電子は2個しか入れない」、そして「二つ以上の電子が同じ量子状態にならない」という決まりのことです。軌道とは電子が入る部屋のようなものです。これによりスピン（自転）が同じ向きになる電子は同じ軌道上に存在しなくなります。パウリの原理に従う粒子はフェルミオンであり、ボソンは従いません。詳しくは「シュレディンガー方程式」の項を参照してください。

電子雲

図4に「電子雲」を示しました。電子は原子核の周りを回りますが、位置がはっきりしません。軌道は円ではなく、電子が原子核の周りをもやもやとした雲のように広がっている状態になっています。雲には濃淡があり、濃いところほど電子がいる確率は高くなり、逆に薄いとこ

ろほど電子がいる確率は低くなります。これを「電子雲」と呼びます。

電子雲には濃淡がありますが、原子核から遠ざかるほど淡くなっていくとしたのが、次に述べる「シュレディンガー方程式」なのです。

シュレディンガー方程式

オーストリアの物理学者エルヴィン・シュレディンガーは、ド・ブロイが言うように電子が波であるならば「電子の現象を波動として表現できる」と考え、1926年、物質波を求めるための「シュレディンガー方程式」を発表しました。シュレディンガーは時間とともに変化する電子の波動の軌道を求めることに成功しました。

この式は、波全体が、ある時刻にある場所において、物質波の振幅がどれくらいあるかを示す関数で表されます。これを「波動関数」と呼び、Ψ（プサイ）で表します。波動関数Ψは「複素数」で表されます。「複素数」は実数と虚数（想像上の数）なので、複素数も「想像上の数」ということになります。

もっとも電子を波動として考えるということは、（波は時間とともに変化していくので）電子の波も広がって存在しているということになります。そう考えると一つの電子が広がって存在しているかのように思ってしまうかもしれませんが、実際は一つの電子が持つ波動関数が同時に様々な場所に存在しているということになります。波動関数の広がりが電子そのものの広が

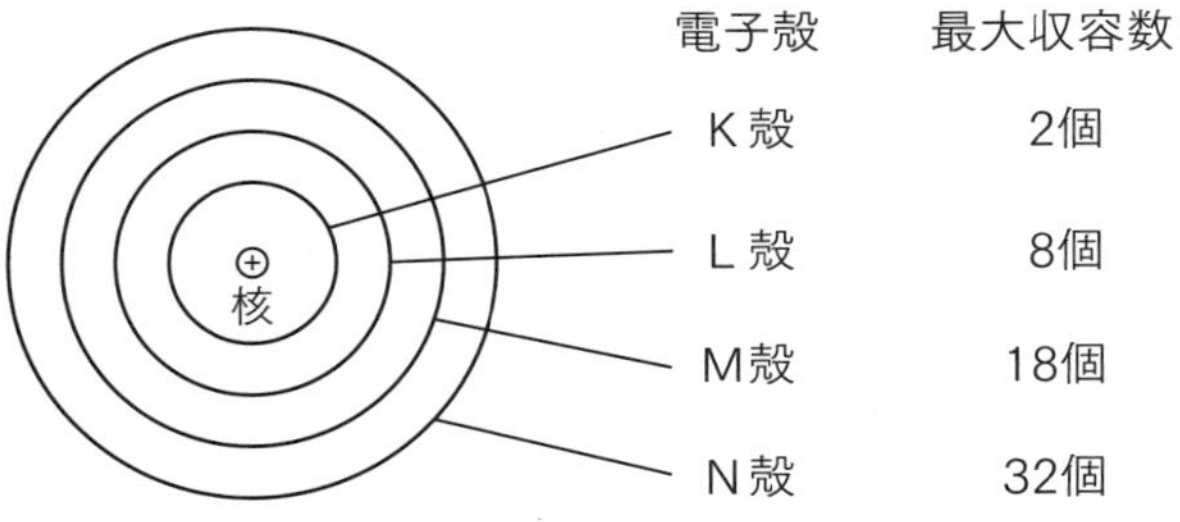

図9：電子配置

りを表しているかどうかはまだわかっていませんが、後述するように、この波動関数によって電子が見つかる場所が決定します。シュレディンガー方程式によると、電子の軌道はs軌道、p軌道、d軌道、f軌道の4種類に分かれます。さらにそれぞれいくつかのパターンに分けられます。

具体的には、図9に見られるように、原子核に一番近軌道からK殻、L殻、M殻などと呼ばれ、それぞれには複数の軌道が重なっています。例えばs軌道（1個）、p軌道（p_x軌道、p_y軌道、p_z軌道の3個）、d軌道（d_{xy}軌道、d_{yz}軌道、d_{zx}軌道、$d_{x2\text{-}y2}$軌道、d_{z2}軌道の5個）などが重なっています。K殻は1種類（1s）、L殻は4種類（2sと2p）、M殻は9種類（3sと3pと3d）の軌道でできています（括弧内の各数字は原子核に近い軌道から遠い軌道へと数えたときの順序を示します）。したがって、電子はK殻には2個、L殻には8個、M殻には18個入ります。各軌道の形はそれぞれ異なります。図10はそのイメージです。

このシュレディンガーの理論は「波動力学」と呼ばれ、量子力学の基本的な理論を構築しました。

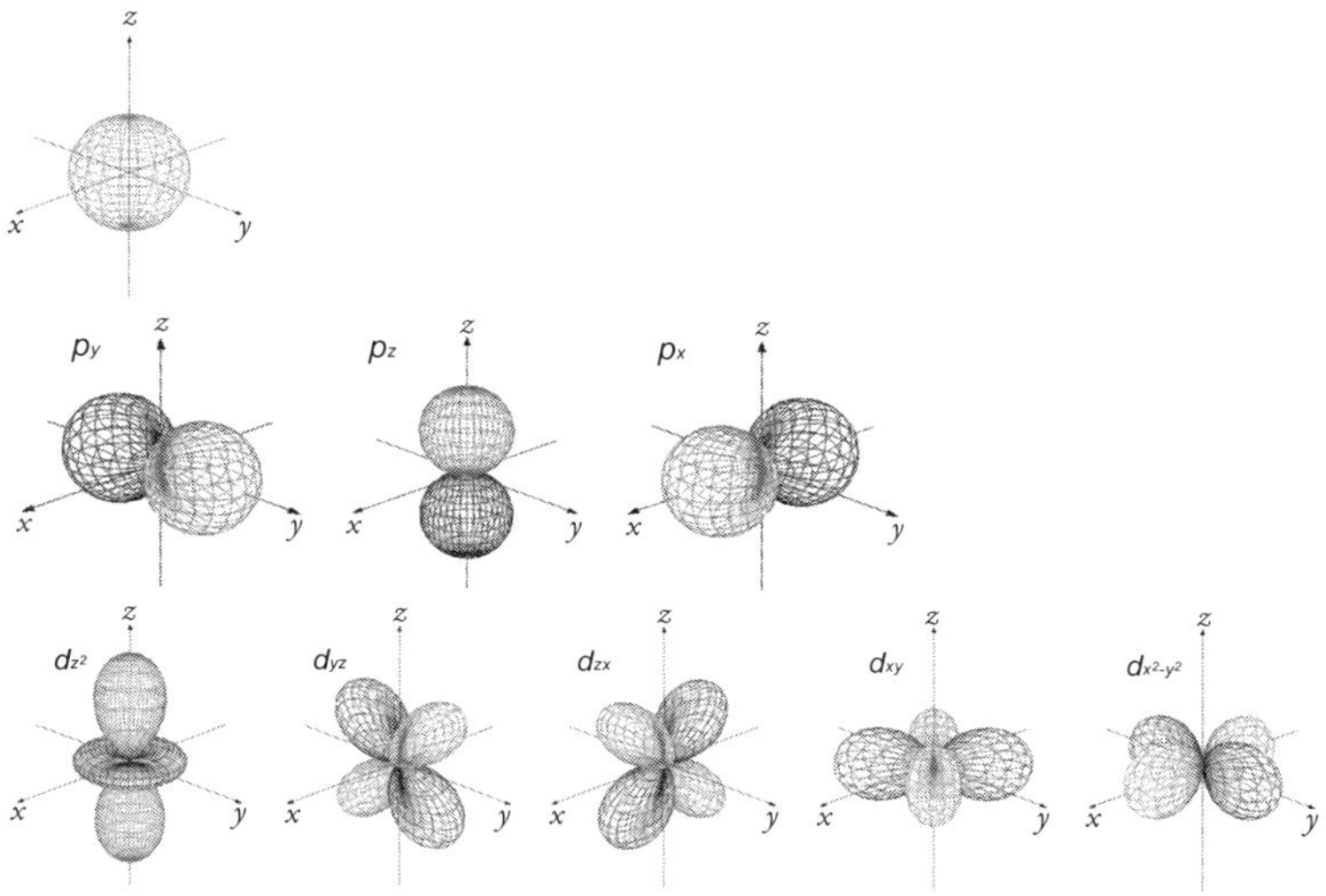

図 10：s・p・d 軌道の形

確率解釈

1926年、ドイツの物理学者マックス・ボルンは、シュレディンガーが電子の波としての動きを説明するために考えた波動関数が「粒子としての電子が発見される確率」を示しているという「確率解釈」を提唱しました。この考えはシュレディンガー方程式が発表された年のことでした。

確率解釈をわかりやすくするための「状態の共存性の実験」という「思考実験」（頭で空想した実験）があります。

例えば、ボールを箱の中に入れて揺らします。そしてまん中に仕切り板を入れてマクロの世界のボールを確認します。するとボールは左右どちらかにあることは明白です。それではミクロの世界の電子はどうなるでしょう

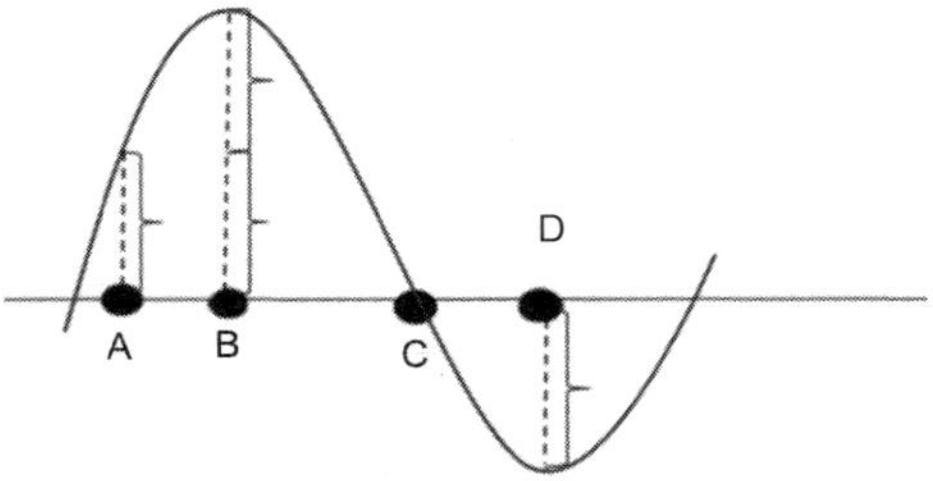

図 11：波動関数の確率解釈

か。箱の中に一つの電子を入れます。するとシュレディンガー方程式により、時間とともに箱の中にほぼ均一に広がっていくことがわかります。仕切り板を入れると、電子の波が半分に分けられ、よって電子も二つに分けられてしまうのではないかと思われますが、電子を実際に確認すると、電子は左右どちらかの空間で発見されます（電子は観測するとそのときに初めてどちらかにいるという状態が確定します）。このようにどちらかの空間で発見されるという言い方しかできません。つまり右の空間、または左の空間で１００％見つかるということは言えず、例えば左の空間で発見される確率が50％、右の空間で発見される確率が50％という確率的にしか予測ができないのです。

この確率を波動関数との関係で見ると、電子がある場所で発見される確率は、波の振幅（波動関数Ψの絶対値）が大きい場所ほど、そこで電子を発見する可能性が高くなり、波の振幅がゼロの場合はそこで電子が発見される確率はゼロということになります。波の振幅は波動関数Ψの値を表しており、電子を発見する確率は波動関数Ψの値の二乗と比例します。

具体的に図11で見ると、電子がA点で発見される確率が10％の場合、B点での発見確率は40％になります。その理由は、B点における波の振幅はA点の二倍になっていることから、二の二乗＝４という計算になります。よって、Ｂ点において発見される確率はＡ点において発見される確率の４倍、つまり40％になります。Ｃ点での発見確率は０％、Ｄ点における波の振幅はＡ点と同じなので発見確率は10％ということになります。

不確定性原理

１９２７年、ドイツの物理学者ヴァルナー・ハイゼンベルクは「不確定性原理」を唱えました。「不確定性原理」とは、電子の位置を正確に測定すると、そのときの運動量（動く方向と速さ）がわからなくなり、電子の運動量を正確に測定すると、そのときの位置が測定できなくなってしまうということです。つまり、未来における電子の位置は正確には特定できないということになります。

２００３年、名古屋大学の小澤正直が「ハイゼンベルクの不等式」（位置を正確に測れば測るほど運動量の乱れは大きくなり、両方を正確に知ることはできない）を数学的に証明されたものではないとして、それを修正する「小澤の不等式」を提唱しました。この式はウィーン工科大学の長谷川祐司のグループによる実験で実証され、この式によりそれまで曖昧であった不確定性（誤差と定常状態からの乱れ）が明確に定義され、不確定性が数学的に証明されました。もっともハイゼンベルクの不等式がより精密なものへと進化させられたのであって、量子力学自体がくつがえされたわけではありませんし、ハイゼンベルクの世界観が否定されたわけでもありません。

粒子と反粒子

1928年、イギリスの物理学者ポール・ディラックは、マイナスの電荷を持つ電子には、プラスの電荷を持つ反粒子が存在することを予言しました。反粒子とは、元の粒子と質量が完全に同じで、電荷のプラスとマイナスという符号だけが逆になっているという粒子のことです。1932年、アメリカの物理学者カール・デイヴィッド・アンダーソンにより実際にプラスの電荷を持つ陽電子が発見されました。

電荷の符号だけが逆になるのは電子だけでなく、他の素粒子にも反粒子があります。このように物質を構成する粒子にはすべて反粒子があることがわかり、単純に「真空＝何もない」ということではないことがわかってきました。真空では、強力な電磁波によって、プラスの電荷を持つ素粒子とマイナスの電荷を持つ素粒子が突然誕生することがあります。この現象を「対生成」と呼びます。また対生成とは逆に、プラスの素粒子とマイナスの素粒子が衝突すると、電磁波を放って消えてしまいます。これを「対消滅」と呼びます。このように真空の中で無数の粒子と反粒子が絶えず対生成と対消滅を繰り返している状態を「真空のゆらぎ」と呼びます。

コペンハーゲン解釈

前述しましたが、デンマークの首都コペンハーゲンでニールス・ボーアは活躍していました。そこにボーアの研究所があり、ヴァルナー・ハイゼンベルク、マックス・ボルンといった多くの研究者がそこに集い、地名に因んで「コペンハーゲン学派」と呼ばれる一大勢力を築きました。アインシュタイン、ド・ブロイ、シュレディンガーの3名らとは対立します。

「コペンハーゲン解釈」とは、確率解釈と「波の収縮」（電子は観測すると、電子の波は収縮する）を柱として、観測前・後の電子の様子を理解しようとする解釈方法であり、ボーアとその弟子らのグループによって提唱されたものです。コペンハーゲン解釈は現在でも「量子論」の主流となっています。

具体的に言うと、確率解釈とは、前述したように、電子は観測していないときには波のように広がっていて、「重ね合わせ」の状態になっているということです。「重ね合わせ」とは、一つの電子が、図11のようにA・B・D点のそれぞれの場所にいる状態が共存しているということです。ただしC点では波の振幅がゼロなので、この位置には電子は存在しません。B点で発見されたということは100％ということなので、その他で発見される確率はゼロになります。例としてB点としましたが、当然、A点やD点で発見される場合もあるので、どの点で発見されるかは確率でしか表すことができません。これはまるで電子の発見場所が確率でしか表すことができないことを、（サイコロの出る目も確率でしか表すことができないことから）サイコロのようだとボーアらは考えました。

　波の収縮とは、電子は一個の電子が波として重ね合わせの状態にありますが、それは観測されていないときだけであって、観測すると、電子の波がある一点にあっという間に幅のない針状の波として収縮するということです。重ね合わせの状態にあった電子がB点に収縮した様子が図12です。

　このようなコペンハーゲン解釈の確率論に対し、自然現象は決定論で表すことができると考えるアインシュタインは「神様はサイコロ遊びをしない」と批判しました。さらに波の収縮については「月は君が見ているときにしか存在しないと本当に信じているのか」と皮肉を言いました。この「月」の言及は、「月は観測によりその存在が示され、観測しないときには月は存在しないのか」ということを言っています。

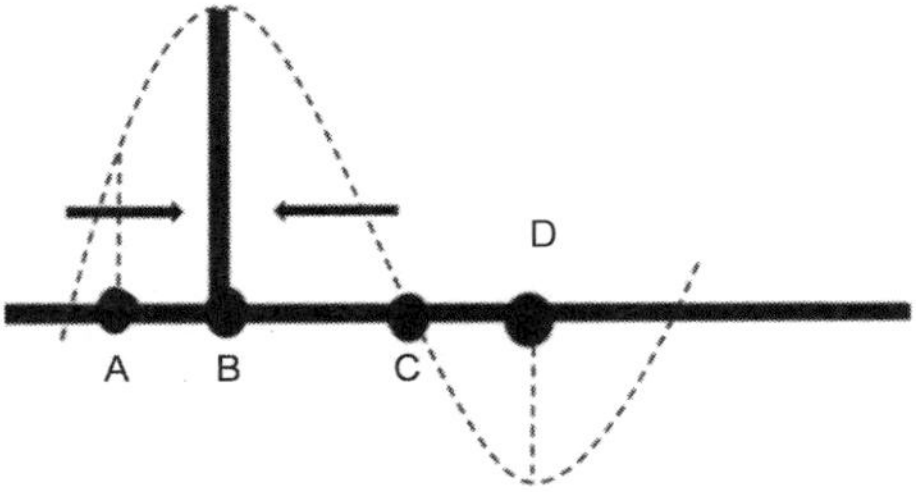

図12：波の収縮

シュレディンガーの猫

シュレディンガーは量子力学へ多大なる貢献をし、ノーベル物理学賞を受賞したにもかかわらず、「量子論」を嫌悪し続けました。後には、「量子論」から距離を置いていました。そんなシュレディンガーは1935年に「量子力学の現状について」という論文を発表しました。その中で「シュレディンガーの猫」というパラドックスを提示し、「量子論」の問題点を指摘しました。

順序は以下の通りです。箱の中には猫がいますが、「シュレディンガーの猫」は思考実験なので、実際に猫が入っているわけではありません。

順を追って記しますが、正確な手順というよりは内容をわかりやすくするための一つの記述方法だと思ってください。

① 鉄の箱の中に放射性物質と放射線の検出装置、そして検出装置に連動した毒ガス発生装置を設置する。

② 放射性物質はある確率で放射線を放出する。

③ 放出されると、放射線検出装置が作動し、それに連動して毒ガスが発生する。

一時間後ふたを開けます。結果は明白です。放射性物質が放射線を出し毒ガスが発生すれば、猫は死んでいて、放射性物質から放射線が出なければ猫は生きたままです。

もっともシュレディンガーが問題にしたのは結果ではなく、ふたを開ける前の猫の状態をどのように考えるかということです。「量子論」の観点からすれば、「放射性物質が放射された状態」と「放射性物質が放射されていない状態」が重ね合わせになっており、よって、それに連動して猫も「死んでいる状態」と「生きている状態」が重ね合わせになっていると考えられます。

「量子論」では観測すると波が収縮して一つの状態になります。これをこの実験に適用すると、「生きていながら死んでいる猫」という重ね合わせの状態を観測すると、波は収縮して放射性物質の放射の有無が決定し、同時に猫の生死も決定するということになります。

しかし「半死半生の猫」など実際に存在しているはずがありません。このようにシュレディンガーは「量子論」の不自然さを説きました。「シュレディンガーの猫」により提示された疑問に対して納得する解答は見つかっていませんが、一つ興味深い世界観がありますので、後述します。

EPRパラドックス

「量子論」に懐疑的なアインシュタインは1935年、当時アインシュタインの研究室にいた二人の学生、ボリス・ポドルスキーとネイサン・ローゼンとともに3人の連名で「量子論」の矛盾をつく論文を発表しました。それは3人の頭文字を取って「EPRパラドックス」と呼ばれています。これは思考実験です。具体的には以下の通りです。

① ある場所で二つの素粒子を発生させる。この二つはペアになっている。電子などの粒子は

スピンすることが知られている。観測前では、スピンの向きは右回りと左回りの状態が共存している。

② ペアのうちの一つ、電子Aを観測する。必然的にスピンの方向が確定する。

③ その瞬間、電子Bのスピンの方向が真逆で確認される。

このように二個の粒子のスピンの向きは必ず逆になります。これを専門的に「スピンの量が保存されている」と言うそうです。アインシュタインはこの奇妙な現象を「不気味な遠隔操作」と呼びました。シュレディンガーはその現象を「エンタングルメント（からみ合い／もつれ）と表現しました。もっともシュレディンガーの場合は、セットで決まっているという意味です。

それでは電子Aと電子Bの間の距離を一光年（約10兆キロメートル）離すとどうなるでしょうか。電子Aを観測するとスピンが確定し、電子Bのスピンも同時にその真逆で決まりますが、一光年彼方にある電子Bは観測していないにもかかわらずスピンの向きが同時に決まるのはあり得ないというわけです。なぜならアインシュタインが唱えた特殊相対性理論に「光の速度（秒速約30万キロメートル）を超えて物体は移動できないし、情報も伝わることはできない」があるからです。

「もし電子間の影響が瞬時に伝わらないということであるならば、最初から電子のスピンの方向は『隠れた変数』により観測に先立って決まっていたことになる」とアインシュタインらは考え、現在の「量子論」ではそれがわからないだけだと「量子論」の不完全さを訴えました。

ベルの不等式

１９６５年、アイルランドの物理学者ジョン・スチュアート・ベルは、ＥＰＲパラドックスに「隠れた変数」が存在するのであれば成り立つはずだとして「ベルの不等式」を発表しました。

「ベルの不等式」とは、量子のもつれ合いがあるかどうかを見極める式のことです。ベルは二つの光子が独立に振る舞うと仮定しましたが、それが自分の結論と合わないことから、二つの光子は独立しているのではなく、距離に関係なく二つの光子の間には、説明不可能な相互関係がなければならないことを示しました。

アスペの実験

１９７４年になり、フランスの物理学者アラン・アスペらによりベルの不等式を立証しようとする実験が行われました。アスペらの実験で注目すべきことがあります。それは粒子のスピンの特性を利用したことです。

二つの粒子位置に関係なく、互いのスピンの軸の方向は必ず逆になり、回転速度も常に等ししくなります。粒子は磁場装置によって、スピンの方向を自在に変えることができます。今、A（上向き）とB（下向き）の二つの粒子は離れたところに置かれ、それぞれのスピンは逆向きになっています。そしてAのスピンの方向を磁場装置によって逆向き（下向き）に変えます。すると瞬時にBがそれを知り逆向き（上向き）に変えます。

１９８２年、ベルの不等式が成り立たないことが証明されました。これによりアインシュタインは敗れ、コペンハーゲン解釈が正しいと結論づけられました。

量子からみ合い（量子もつれ）

「量子テレポーテーション」とは量子のからみ合いを利用したものです。世界で初めて完全な量子テレポーテーションの実験に成功したのは日本人の物理学者古澤明のグループです。この実験はレーザー光を使って作り出した特殊な二つの光子を使います。A地点にあった光子Aは消滅しますが、B地点にあった光子Bは光子Aと同じデータを持って現れるというものです。古澤は、２００４年には3者間の、２００９年には9者間の量子テレポーテーションを成功させました。

二重スリットの実験

前述したように、１８０７年、トマス・ヤングの「ダブルスリットの通過実験」により光の波動説が決定的なものとなりました。それでは電子のような粒子を用いた場合はどうなるだろうかという疑問のもと、20世紀半ば、アメリカ合衆国出身の物理学者リチャード・P・ファインマンによって「二重スリットの実験」の思考実験が提唱されました。その後、変遷を経て「二重スリットの実験」が確立されました（図13）。「二重スリットの実験」を一言で言ってしまうと、電子が波であることがわかる実験です。具体的には以下の通りです。

① 蛍光物質が塗ってあるスクリーンの前方に二重スリットを配置し、それに向けて電子を発射すると、スクリーンの電子が当たった場所が光る（図13）。
② 電子の数が少ないときは、電子がボツボツと点在しているが、電子を発射し続けると、図14の左のような「干渉縞」ができる。
③ 図15のように、電子がどちらのスリットを通ったかどうかを確認するために観測器を置く。
④ 干渉縞は消えてしまい、図14の右のような二つの帯が現れる。

ヤングの光の実験でわかったように、光は波としての性質を持ちます。その際、「干渉縞」ができます。図16のように、波紋の山と山がぶつかるところは強く光り、山と谷がぶつかるところは打ち消し合うので暗くなります。

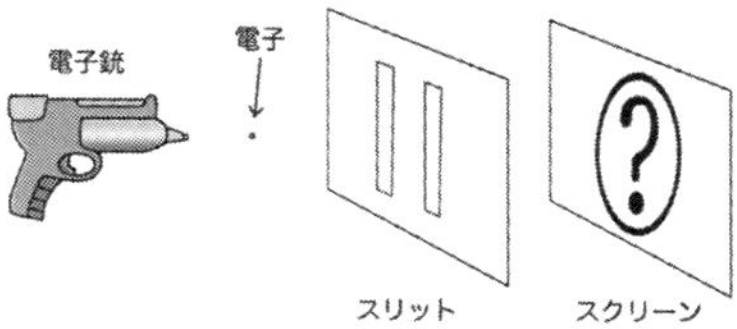

図 13：電子銃を撃つ

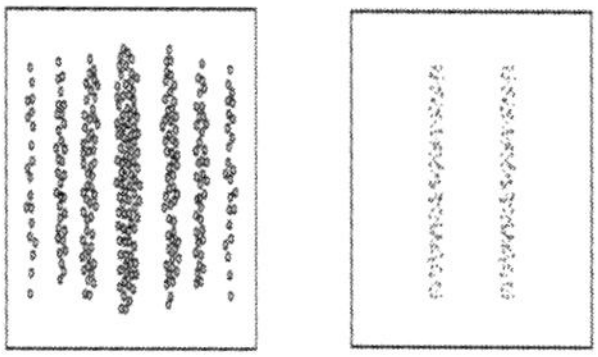

図 14：到達した電子の様子

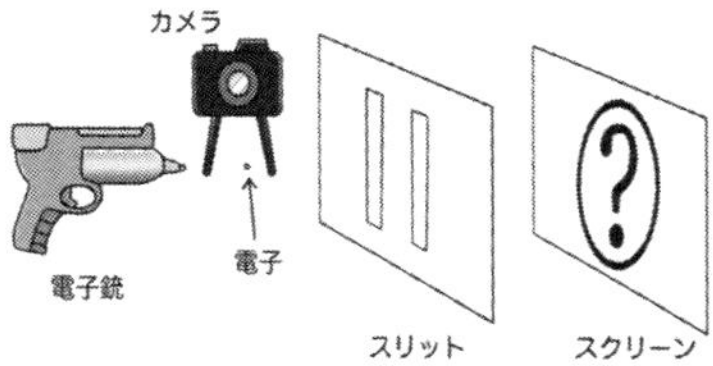

図 15：電子の観察

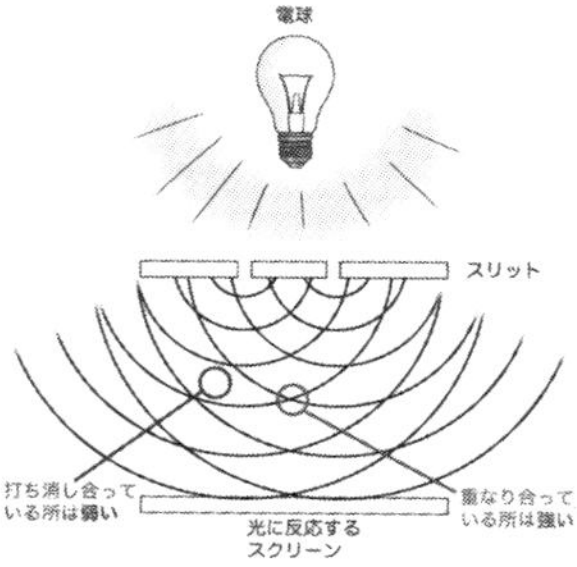

図 16：ヤングの二重スリットの実験

（図13〜16 https://persol-tech-s.co.jp/i-engineer/interesting/ryoshirikigaku より）

電子の場合も干渉縞が現れるのは、電子が波の性質を持っていることになります。要するに、左のスリットを通過した状態と右のスリットを通過した状態とが重ね合わせになっているのです。よって、スクリーンの干渉縞は電子がどの場所に届きやすいのかという波動関数によって決まる確率で解釈することができます。

それではなぜ観測器をつけたとたんに干渉が起こらなくなってしまったのでしょうか。マクロの世界では、観測しようと物質に光を当てても、物質の位置が変わることはありません。しかしミクロの世界はとても繊細なので、光を当ててしまうと、光子により電子の波動関数が変化してしまいます。よって、対象物を見る前の状態のまま見ることはできません。要するに、波の収縮は観測装置や観測者との相互作用によって起きると考えられます。

多世界解釈

1957年、アメリカ・プリンストン大学の大学院生であったヒュー・エベレットが博士論文の中で「パラレルワールド論」を提唱しました。

「パラレルワールド論」はそもそも宇宙の成り立ちを考えたものです。エベレットは重ね合わせの状態は宇宙そのものにも適用できると考え、宇宙の誕生から、その可能性の数だけ枝分かれしてきて、私たちの宇宙はその中の一つだと考えます。別の宇宙の数だけ私たちが暮らしていることになります。もっとも枝分かれしてしまった世界は孤立しているので移動することはできません。

「量子論」の世界をエベレットのパラレルワールド論として理解しようとするのが「多世界解釈」です。

多世界解釈ではコペンハーゲン解釈の確率の疑問点（観測すると一つの状態に決定するが、他の可能性はどこかに消えてしまう）が解決します。要するに、観測者も含めて重ね合わせの状態になっていると解釈します。

具体的に、シュレディンガーの猫の問題を考えると、「放射性物質が放射され、毒ガスが発生し、猫が死んで、箱の外に観測者がいる世界」と「放射性物質が放射されず、毒ガスが発生しないので猫が生きていて、箱の外に観測者がいる世界」が二つに枝分かれしていて、それぞれの観測者が箱を開けることにより猫の生存を確認します。よって、「半死半生の猫」などといった問題が解決します。

しかしながら、実際にそのような複数の世界を見ることができないので、正否については容易には結論づけられません。

遅延選択実験

１９７８年頃、アメリカの物理学者ジョン・ホイーラはヤングの「二重スリット実験」を基にして「遅延選択実験」という思考実験を考案しました。実際の実験は１９８６年、アメリカとドイツで行われ、ホイーラの予想通りの結果が出ました。
実験は大きく二つあり、[その1]と[その2]として示します。

[その1]

① 二重スリットの穴を一つ塞ぎ、ヘリウム原子を通過させる。
② ヘリウム原子がスクリーンに到達する前に、すなわち「遅延」して、(塞いでおいた)もう一方のスリットを開ける。
③ 同様の実験を繰り返すことで、スクリーンには干渉縞が映る。

ヘリウム原子はすでにスリットの一方を通過した後にもかかわらず、二つ目のスリットを開けてスリットを二つにしても干渉縞が映るということになる。

[その2-a] 粒子像の観測(図17-(a))

① 図17-aの左上方から光のパルス(光子)を一つずつ投入する。
② 光のパルスはM1により二つに分かれ、検出器DAあるいはDBに到達する。
③ 二つの検出器にはそれぞれ50%の確率で光子が検出される。
それは光子が粒子性を示すからである。

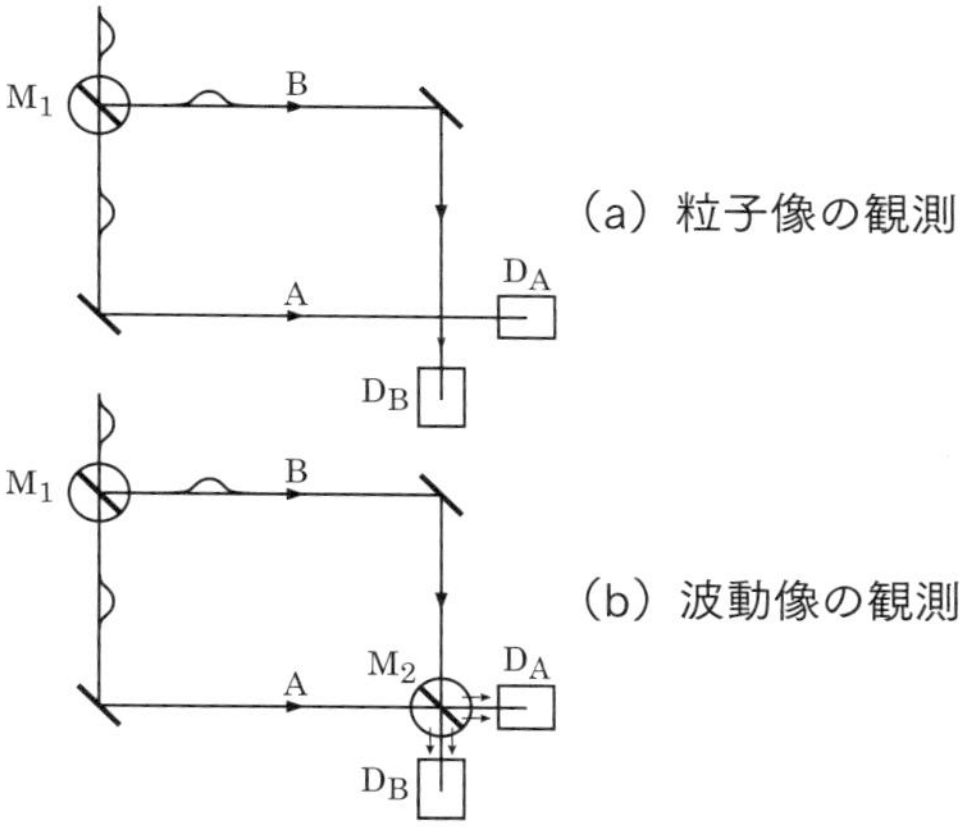

図 17：選択遅延実験

丸印をつけたＭ１とは光を半分透過し半分反射する半透明鏡
丸印のない斜線は全反射鏡
Ｄは検出器

［その2-b］波動像の観測（図17-(b)）

① 半透明鏡M2を二つの検出器の前に置く。

② 図17-(b)の左上から一つずつ投入された光のパルスは、M1により右回りの光のパルスBと左回りの光のパルスAに分かれ右下のM2で合流する。

③ 光のパルスの波長は短いが、M2の角度を微調整することにより、合流する際の光のパルスの波をずらすことができる。つまり、波の山と谷が打ち消し合うようにすれば光は検出されなくなり、山と山が重なり合わされた光は強くなる。

④ M2を調整し、DAに検出されないようにする。よってDBにのみ検出される。

ホイーラの狙いは光子の波動と粒子という二重性を証明することではありません。光のパルスがM1を通過した後で、すなわち「遅延」して、M2を挿入するか否かということを人間が「選択」するというところにあります。挿入しなければ光のパルスはどちらか一方の経路だけを通って粒子性が、挿入すればそれは二つの経路を同時に通って波動性が確認されることになります。実験の結果、それは正しいことが証明されました。

しかし光子はM1を通過した時点では、粒子として出現するのか波動として出現するのか知らないはずです。どうして光子にはM2の挿入の有無がわかったのでしょうか。

解釈問題

「量子論」はミクロの不思議な現象を明らかにしてきました。しかしそれをどのように解釈すればいいのでしょうか。このような問題を「解釈問題」と言います。コペンハーゲン解釈や多世界解釈は解釈問題に対する一つの答えにはなります。しかし解釈問題に正解はありません。

ここで「量子論」についての解説を終了します。次章からは〈量子論〉に入ります。今までも充分に私たちの常識とは乖離していましたが、さらに不思議な世界へ入っていくことになります。私たちが人として本質的に必要なことを示してくれています。〈ワクワク〉して待っていてくださいね。

ねえ、そんなにひょっくり、ひょっくり出たりひっこんだりしないでちょうだい。あ、出て来たと思うと、スーッと消えて、消えてしまったと思ってると、また出て来て、誰だって眼がまわっちゃう。

（ルイス・キャロル著　石川澄子訳『不思議の国のアリス』）

I wish you wouldn't keep appearing and vanishing so suddenly: you make one quite giddy!

(Lewis Carroll, *Alice's Adventures in Wonderland*)

第三章　〈量子論〉について

本章は、「量子論の基礎知識その1、その2」で述べたことを基にして、山田廣成氏と岸根卓郎氏の著作を取り上げ、〈知識〉を得て〈量子論〉へと迫っていきます。

本章では、山田氏と岸根氏の著作の必要箇所の引用や要約をします。そこから「課題」を設定しますが、それは第Ⅲ部第二章において設定し追究します。

私が山田氏や岸根氏の主旨に基づき〈量子論〉を展開する理由は、山田氏と岸根氏は共に量子力学・量子論の分野から論拠を示し、独自の主張を展開しているところにあります。もっとも現時点では、山田氏と岸根氏が述べていることは一般的に広く認知されてはいませんが、否定をされているわけでもありません。

私は量子力学・量子論の専門家ではありませんので、山田氏と岸根氏の主張の是・非を判断する立場にはありません。よって、是・非の観点ではなく、あくまで私が〈量子論〉を追究する際に山田氏と岸根氏の部分的な主張が必要という観点において、客観的に提示するものとします。

＊よくわからないと思ったなら次の第Ⅲ部を先に読み、必要に応じて後で読み返してください。

＊本章は必要最低限の引用および要約になりますので、わかりにくい場合は、該当書を読んでください。
＊本章は、量子力学や量子論に対する批判や解明をするのが目的ではなく、あくまで〈量子論〉の追究が目的であるということを確認しておきます。
＊本章に出てくる量子論の用語および実験は前章にて言及してありますので、必要に応じて見返してください。
＊本章における引用に限っては明朝体で示します。

第一節　山田廣成氏の著作より課題の設定に必要な箇所の引用や要約

山田廣成　著
『量子力学が明らかにする存在、意志、生命の意味』、『地球に真の平和をもたらす量子哲学』、『物理学はこんなにやさしい学問だった』（以上、出版順）

山田廣成氏は量子論学者で、立命館大学の名誉教授です。右に示した著書から課題の設定に必要な部分を以下に簡潔に引用要約します。

1 「電子には意志がある」ということの定義について

(1) 個体を統合する力を有する実体である。
(2) 他者から己を識別する力を有する実体である。
(3) 他者と対話し干渉する実体である。
(4) 意志の振る舞いは、確率統計原理に従う。

2 電子の振る舞いと人間の振る舞いの類似点について

電子の振る舞いと人間の振る舞いとは非常に似ている。それは人間がほぼ電子から構成されている存在だからである。人間の複雑性は多数の電子の意志により生み出されていることは確かである。この意志とは自由意志のことである。例えば、人は束縛されていないとき好みにより選択するが、それは確率的な選択である。この自由意志は電子にも適用できる。

意志決定は人間の総体で行われている。個体は統合しなければ分裂する。人間の場合には多数の細胞でできていてそれら細胞にも意志があるが、人間は個体としてそれら細胞を統合している。

表1は電子と人間の振る舞いの類似点として山田氏が示す「証拠物件」である。

表1　証拠物件

	人間	電子
①種としての存在	人間は、多数で種として存在していて、おのれの居場所を決めて他者と共存している。	電子は、多数で種として存在していて、他者と共存して、お互いに居場所を決めている。
②干渉性	閉じこめられると互いに干渉して喧嘩をしたり集団を作ったりする。人間同士は干渉しあうが、人間が波動だというわけではない。	閉じこめられると干渉して干渉模様をつくる。干渉により波動性が現れる。
③行動の予測	個々の人間の行動は予測できず、不確定である。	個々の電子の振る舞いは予測できず不確定性原理が支配する。
④行動のパターン	行動には一定のパターンがあり、消費エネルギーを最低にしようとする特徴がある。ある程度運動量の保存則を遵守しようとする。	行動には一定のパターンがあり、エネルギー保存則や運動保存則に従う。
⑤障壁があるとき	障壁を乗り越える人間が居る。人間は山を乗り越えることができる。	トンネル効果で示される様に障壁を乗り越える電子が居る。
⑥確率法則	人間の行動は確率的であり、多数の人間の振る舞いは統計理論に従う。	電子の運動は確率的であり、多数の電子は統計理論であるシュレディンガー方程式で記述される。
⑦交換関係	人間は貨幣やものを交換して情報を交換する。	電子は光やフォノンを交換して情報を交換している様である。
⑧局所に集まる	人間は集団をつくったり村をつくったりして局所に集まろうとする。人間は地球に閉じこめられているが、均一に分布しているわけではない。お互いに助け合うためかもしれないが、反発もしあう。	干渉模様は電子が局在していることの証でもある。原子の中で電子は局在している。
⑨意志決定	人間は自分の居場所や行く先を「意志」決定するが、その決定は統計理論に従う。動物や人間が強制されないときの運動は、ブラウン運動に近い。	個々の電子の居場所や行く先は不確定であるが、統計理論に従う様は人間と同じである。波動方程式は統計理論であり、ブラウン運動の方程式と同質である。
⑩意志の有無	人間は意志を有しているが、意志の実体は明らかにされていない。	電子の振る舞いは、人間の振る舞いと大変よく似ており、電子に意志があると言っても否定はできない。
⑪結論	人間は無数の電子でできているから、人間は電子の性質を受け継いでいるはずである。	人間が電子の性質を受け継いだ結果、人間に意志が発生したとしたら、電子には意志があるかも知れないのではなく、意志が有るはずである。

『量子力学が明らかにする存在、意志、生命の意味』pp.70～71 より

※「ブラウン運動」とは、気体、液体中に浮遊する微少粒子が行う不規則なジグザグ運動

３　「対話原理14条」について

第１条　世界は個体と付随する場により形成されている。

第２条　個体は必ず複数で種及び階層として存在し、単独では存在しえないし、存在が規定されない。

第３条　個体には階層性があり、故に場にも階層性がある。

第４条　同種であっても完全に同一の個体は存在しない。即ち個体は個性を持つ。

第５条　個体同士は場を介して対話を行う。故に対話にも階層性がある。

第６条　時間は対話を記述する際に必要となる概念であり、場に付随する概念であり、したがって時間にも階層性がある。

第７条　ボソンは対話の手段である。

第８条　個体は「意志」を有する。故に「意志」にも階層性がある。

第９条　不確定性原理は、対話の不確実性であり、個体に「意志」があることに基づく。

第10条　干渉は対話の結果発生する。従って干渉にも階層性がある。

第11条　対話により導かれる帰結は個体の個性を色濃く反映するが、平均的な振る舞いは古典的な物理法則に従い、秩序を演出する。

第12条　量子力学の波動方程式は、対話で発生した場の構造を記述するのに適切な数式体系であり、対話方程式と呼ぶのが適切である。

第13条　共鳴現象は、対話の結果発生する「意志」の統一である。従って、あらゆる階層に共通する現象である。

第14条　対話の結果、万物が流転する。

4　補足すべき必要事項（筆者が重要だと考えること）

(1)「電子が波動的」ということについて

波動の意味は、電子が波動であることを意味しているのではなく、電子間の対話が波動的ということであり、情報交換をしているということを意味している。電子が意志を持つとすれば電子はいつでも個体として存続できる。波動である電子を、人間が観察するとたちどころに粒子になると考える方が奇妙である。波動性は個体の属性ではない。個体が持つのは干渉性である。それは対話の結果発生する干渉性である。波動は現象であり、本質は干渉性にある。

(2)「ミクロの世界とマクロの世界はボーダーレス」ということについて

近年まで量子の世界とマクロの世界には境界があると言われてきたが大嘘である。古典力学に出てくる法則は、量子力学の世界でも真理である。古典の世界と量子の世界に境界はない。

すべての素粒子は、電磁気学、力学、熱力学、特殊相対性理論の法則に支配されている。

電子の対話にも人間の対話にも不確定性が伴う。対話の後、それぞれの電子がどこへ行くかは予言できない。確率でしかわからない。現象としての電子の振る舞いと人間の振る舞いは酷似している。意志が自分の未来を選択するところが人間と電子の共通点である。こうして、個体、干渉、個性、意志という概念を人間に使っても電子に使ってもおかしくないことになる。量子現象がマクロな世界でも起きている。

電子が互いに衝突するときや、電子が原子に閉じ込められているときに干渉性が起きて、不確定性が発生するとするのが正しい。単に自由運動している電子に不確定性は発生しない。自由運動している電子に干渉が起きないということは、ミクロの世界でも古典物理学が成り立つということで、ミクロとマクロの間には境界がないということになる。

(3)「波束の収束」について

「シュレディンガーの猫」において、放射線が発生したのは、放射性アイソトープである原子核の意志により決定している。そういう意味では波動は放射線が発生した時点で収束している。検出器に入った放射線の情報は、検出器の中の多数の電子に受け継がれる。一個の電子に受け継がれるだけでは情報は依然として不確定である。多数の電子に受け継がれて電圧というマクロな量になったときに確定する。複数の電子集団に受け継がれた情報は確かであり、情報は確定し、不確定性は消滅する。これがボーアの言う「観測すると収束する」という意味である。観測により波束が収縮したわけではないが、情報が確定したことは確かである。集団が持つ情報を誰しも容易には変更できない。とりわけコヒーレントな状態であり、マクロな世界の確定性の意味である。複数の個体が同じ情報を共有した状態が古典力学の世界である。

(4)「共鳴現象」について

干渉により複数の個体に意志統一が発生した状態が共鳴状態である。人間が意志統一した状態は、すべての人間が同じ方向に進むという共鳴状態であり、一個の人間がある方向に進む状態は、人体を形成する水や電子が意志統一した状態である。

電子の意志が確定して個体の未来が予言可能になるということは、個体が共鳴している状態である。共鳴した状態とはすべての構成要素が意志統一した状態で、これがマクロの世界だと考えてよい。コヒーレントな状態である。コヒーレントな状態は観測しても変わることがない。

(5)「意志で進化が起こる進化論」について

電子の意志が生命現象を担っており、電子は自分の進むべき未来を自ら決定し、ひいては個体の未来を決定している。すべての個体は、人間が思うより遥かに優秀である。恐竜のある種が自らの意志で空を飛ぶ訓練をして鳥になった。カバのある種が自らの意志で深海へ潜る訓練をして鯨になった。彼らは自らの意志によってその能力を獲得したと考えることは妥当である。各個体の意志により、たゆまぬ努力により獲得した進化である。進化はすべての個体が他者により作られる環境の中で自らを適合させる過程で起こる。

山田廣成氏と岸根卓郎氏の見解の相違に対する筆者の見解について

次節から岸根卓郎氏の最低必要箇所の引用要約となりますが、山田廣成氏と岸根卓郎氏との見解の相違について確認しておきます。

山田氏の「意志」と岸根氏の「意思」とは異なります。よって、「波動」についての見解も異なります。

山田氏の「意志」とは「自由意志」のことであり、「確率的な選択」になります。「波動」の意味は、「電子が波動であることを意味しているのではなく、電子間の対話が波動的ということであり情報交換をしているということ」であり、「波動性は個体の属性ではない」ということになります。要するに、山田氏がここで言う「波動」はエネルギーを伝搬しません。よって、人間の心も「波動」を出してエネルギーを交換するわけではありません。

一方、岸根氏は「意思」を〈心〉とし、〈心〉＝〈波動〉としています。したがって、「多数の〈実体〉としての〈電子〉の〈粒子〉から構成されている〈肉体としての人間〉が示す、

〈電子のエネルギー干渉現象〉としての〈波動現象〉こそが、〈人間の生命現象〉ということであれば、〈人間の命〉であり、〈人間の心〉」であり、「〈心〉を持った〈電子〉の〈粒子〉から構成されている〈人間〉が示す〈波動現象〉としての〈生命現象〉の〈命〉にも〈心〉がある」ということになります。つまり〈人間の心〉は〈波動現象〉としてエネルギーがあるということになります。

このように山田氏と岸根氏の電子の「波動」についての見解は異なっていることを明言しておきます。

ただ私が山田氏と岸根氏の主張の一部を取り上げたのは、〈量子論〉を展開する理論のサポートに必要であることは前述した通りですが、岸根氏が次のように言っていることに私なりに納得がいったからということになります。それは、「電子の〈波のエネルギー〉となっているのが、ほかならぬ〈粒子としての光子〉であるからである」という文になります。つまり注目すべきは「光子」なのです。電子は安定させるために、光子を吸収したり放出したりを繰り返しています。山田氏は「光子は電子間の対話の手段である」と述べています。よって、光子が電子の「メッセンジャー」として電子の「意思」＝〈心〉を伝えると考えることは、全面的に否定はできないと考えます。

科学の世界を人間の精神世界へと応用する場合、どうしても〝揺れ〟が生じます。科学的正確性を追求すると〝揺れ幅〟は限りなく狭くなりますが、その分、精神世界への応用が限定されることになります。本書としては、その〝揺れ〟は認めつつもその〝幅〟は極力抑えることを目指しています。

このような観点から、私個人は山田氏と岸根氏を取り上げたことに対する矛盾はないと考えます。繰り返しにはなりますが、私の立場は山田氏と岸根氏の見解の是・非を問うのではなく、あくまで一読者として中立な立場を貫き、山田氏と岸根氏の見解の一部を客観的に提示し〈量子論〉を進めるものとします。

第二節　岸根卓郎氏の著作より課題の設定に必要な箇所の引用や要約

岸根卓郎　著

『見えない世界を超えて―すべてはひとつになる』、『量子論から解き明かす「心の世界」と「あの世」』、『量子論から説き明かす神の心の発見―第二の文明ルネッサンス』、『量子論から科学する見えない心の世界』（出版順）

岸根氏は京都大学の名誉教授です。岸根氏は、数学、数理経済学、哲学の薫陶を受け、既存の学問の枠組みにとらわれることなく、統計学、数理経済学、情報論、文明論、教育論、環境論、森林政策学、食料経済学、国土政策学から、哲学・宗教に至るまで幅広い領域において造詣の極めて深い学際学者です（『量子論から説き明かす神の心の発見』の著者紹介より）。

＊以下には「　」（かぎ括弧）と〈　〉（山括弧）が多く記されますが、それは該当書そのままになります。

＊一部文体が違いますが、それは該当書そのままになります。

1　電子が心を持っていることの実験的根拠

［その1］二重スリット実験

「〈干渉縞〉は、〈心を持った電子〉が、同じく〈心を持った衝立〉と〈事前に対話〉し、スリットが〈一つ〉のときと、〈二つ〉のときとでは、それぞれの〈場〉が違っていることを互いが知っていて、〈話し合い〉によって〈違った行動〉をとった結果として起こった〈現象〉である」、つまり「電子は心を持っている」

ホイーラの遅延選択実験（1）

「〈電子は心を持って〉いて、〈人間の心に反応〉して、〈粒子〉になったり、〈波動になったりする〉」、つまり「電子は心を持っている」

ホイーラの遅延選択実験（2）

「〈電子〉が〈心〉を持っているからこそ、〈人間〉の〈心〉は〈電子〉の〈未来〉に対してはもちろんのこと、〈電子〉の〈過去〉に対しても〈影響を与える〉ことができる」

[その2] 状態の共存性

「〈電子の持つ不思議な性質〉は、〈電子が心を持って〉いて、同じく〈心を持った人間〉と〈干渉〉(対話)しているからこそ起こる現象であると考えるしか、〈考えようがない〉」、つまり「電子は心を持っている」

[その3] 電子の波束の収縮

「〈波束の収縮〉が〈実験室〉でも実際に起こるとすれば、そのような物理現象は、〈電子の性質〉を知ろうと〈実験を立案〉した〈人間の意識〉(人間の心)がないかぎり、決しておきない現象(観察されない現象)であるはずなので、結局、〈波束の収縮〉は単なる物理現象ではなく、〈人間の心〉と〈電子の心〉の〈対話〉の中で起こる〈現象〉である」

[その4] 電子の不確定性原理

「ミクロの世界では、電子の位置と運動方向の両者を同時に正確に測定することはできない」、ということとは「マクロの世界の〈この世の万物〉は、その基をたどれば、すべてそのようなミクロの世界の〈不可解〉な〈心を持った電子〉からできているから、マクロの世界の〈この世〉もまた、何らかの形で、そのようなミクロの世界の〈電子の不可解な心〉(不確実な心)の影響を間違いなく受けている」

2　願望実現

(1) 〈相補性〉について

すべての素粒子には相反する対の粒子、すなわち、見える「実の粒子」に対し、見えない「虚の粒子」があることが明らかにされました。

万物の構成要素である素粒子に、実の粒子と虚の粒子の二極対立があるなら、それによって構成される万物ということは、素粒子によって構成されている万物にも、実の物質と虚の物質の二極対立がなければならないことになるからです。

つまり、見える実の物質宇宙があるかぎり、それに対応して見えない虚の反物質宇宙がなければならないということです。

わかりやすくいえば、「見えるこの世があるからこそ、それに対応して見えないあの世があり、見えないあの世があるからこそ、それに対応してこの世がある」ということになります。

これをもっと身近に、人間に引き寄せて考えれば、「見える自分がいるかぎり、それに対応して見えない自分がいなければならないし、見えない自分がいるからこそ、それに対応して見える自分がいる」ということになるでしょう。

なぜなら、自分をつくっているいちばんもとの素粒子に虚と実があるのですから、それから構成されている自分にも虚と実の二つがなければならないからです。

(2) 〈宿命〉と〈運命〉について

人にはみんなそれぞれの個性があり、固有の人生があります。それは、「宿命」として四次元世界の宇宙情報の中にインプットされています。それが時間の流れる三次元世界に順番に運ばれてきたものが「運命」です。

「三次元世界のこの世と四次元世界のあの世は相補化しているため、この世に住む私たちは〈心の世界のあの世のレベル〉で行う〈自分の選択〉（自分の意思決定）としての〈宿命〉についてはなんら気づいていないから、その〈宿命〉が〈この世〉に顕現しても、それを〈運命〉としてしか受け止められない」

『時空では、われわれ一人ひとりによって現在、過去、未来を構成している物事は、観測者が知る以前にすでに時空を構成する事象のアンサンブル（宿命：著者注）として一括して与えられる。ところが、観測者は、観測者の時間経過とともに、それを時空の新しい断片として発見し、それが観測者の目には自然界の現実（運命：著者注）と見えるのだ』（ド・ブロイ）

『われわれが瞑想中の空間体験を語るとき、まったく別次元を扱っている。……瞑想状態での空間体験では、時系列の序列は同時的な共存状態に変わってしまい、並行して物事が存在する

のである。それが三次元に住む人間にとっては宿命に映るのだ』（宗教学者のラマ・ドゥヴィン）

『この精神世界（瞑想による世界：著者注）には過去、現在、未来といった時間の区別は一切ないのだ。それらは現在という単一の瞬間に収縮している。……過去も未来も輝けるこの現在の瞬間に巻き上げられるが、それが三次元に住む人間にとっては宿命に映るのだ』（宗教学者の鈴木大拙）

「ド・ブロイのいう四次元時空を構成する〈事象のアンサンブル〉が、私がいう〈宇宙の意思〉（神の心）としての〈宿命〉（天命）であり、そのような〈宿命〉は私たちが知る以前に時間が停止している四次元世界の〈心の世界のあの世〉では過去・現在・未来の区別なしに一括して存在しており、それが時間が経過する三次元世界の〈物の世界のこの世〉に住む私たちにとっては、〈時間の経過〉とともに〈運命〉（宿命としての命が時間とともに時系列順に運ばれてきたもの）として現れてくる」

(3)〈祈り〉の構図について

「あの世（ミクロの世界）での多様な確率的な可能性の〈宿命〉が、〈波束の収縮〉によって、この世（マクロの世界）での唯一の現象（実在）として顕現したのが〈運命〉であると考えるから、〈祈り〉によって、あの世での〈宿命〉を、この世で〈波束の収縮〉によって変えれば、

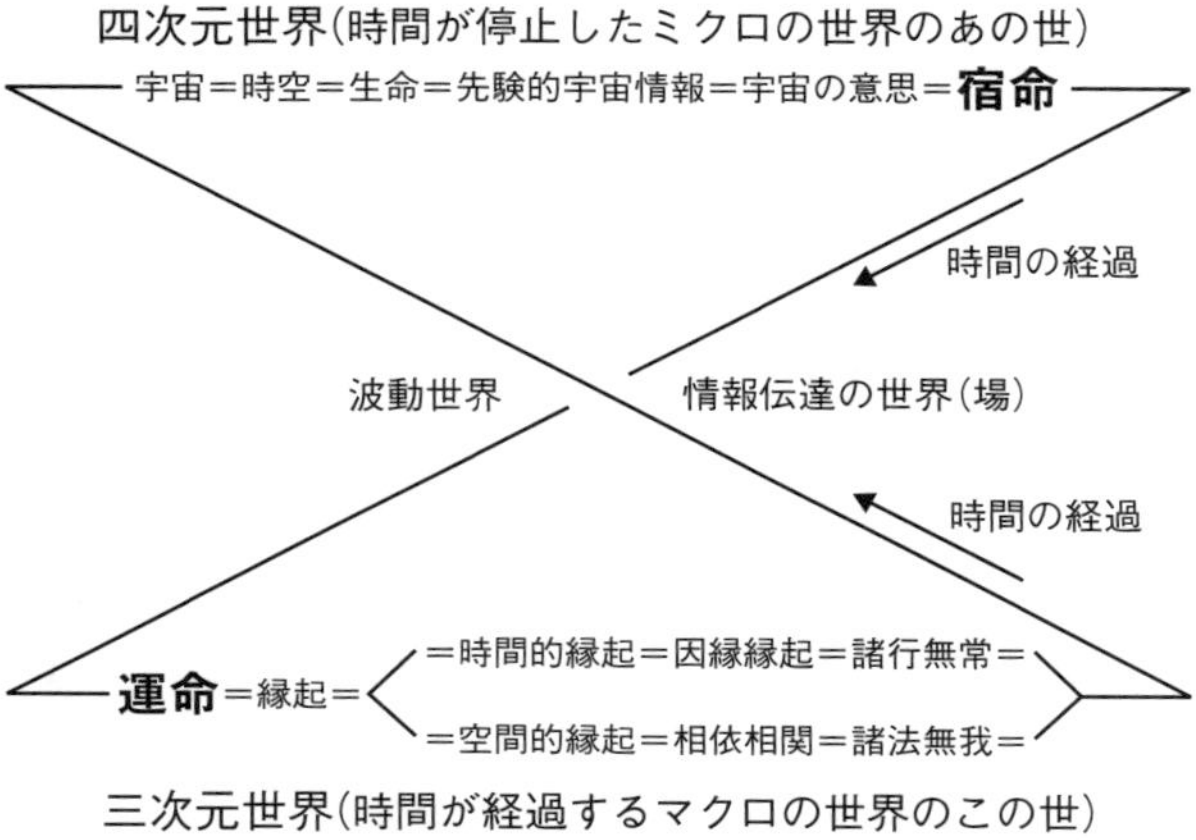

岸根卓郎『宇宙の意思』東洋経済新報社 p.395 を参照

図 18　四次元世界のあの世と三次元世界のこの世の統合
（波動の世界を介しての宿命と運命の関係：量子論の観点から）

この世での〈運命〉も変えることができるので、〈祈り〉によって〈願い〉（運命）を叶えることができる（実現できる）」

「人間の〈祈り〉が〈波動〉を介して空間に〈同化〉すると、そこに祈りとしての〈宿命〉が生まれ、それが同じく〈波動〉を介して時間の経過とともにこの世に運ばれると、それが人間による〈波束の収縮〉によって現実の事象としての〈運命〉になり、祈りは〈実現〉する」（図18）

「〈祈り〉とは単なる宗教儀式ではなく、〈人間の願望〉を実現するために必要な〈人間の心のあり方〉の問題である」

ところが残念ながら、現実には、「祈りは必ず願いを実現する」とは思えない。それには主として次のような理由があるからではないだろうか。

一つは、……私たちは自身がミクロの世界のあの世で、祈りによって選択したこと（宿命）と、それがマクロの世界のこの世に時系列順に現れてきたこと（運命）との「相補性」については「まったく気づくことができない」から、その「違い」が私たちにとっては「祈りは願いを実現するとはかぎらない」と映るのではないだろうか。

二つは、私たちはこの世に生きる一人ひとりはすべて「異なる願い」を持っているから、それらの多くの「異なる願い」は、多くの場合、互いに「背反」したり、「競合」したりしているはずであるから、もしもそれらの多くの人々の「すべての願い」が「祈り」によって「すべて実現」したとすれば、そのとき、社会は「大混乱」に陥ることになるから、「宇宙の意思」によって、そうならないようになっているのではないだろうか。

3 〈右脳〉と〈瞑想〉の重要性

(1) 〈右脳〉について

「人間の脳には、大きく分けて〈左脳による論理的思考〉と〈右脳による直覚〉（閃き）の両方の機能がある。このうちの〈左脳の論理的思考〉は、〈見えるこの世の問題〉の処理に適した脳であるが、問題を処理するのに〈直列的〉かつ〈逐次的〉にしか対処できないので、〈非常に時間がかかる〉のに対し、〈右脳の直覚〉（閃き）は〈見えないあの世の問題〉を処理するのに適した脳であり、問題を処理するのに〈並列的〉かつ〈瞬間的〉に対応できるから〈時間がかからない〉ので、〈見えないあの世の問題の処理〉にあたり、〈右脳の閃き〉は〈左脳の論理〉を〈時空的に遥かに超える〉ことができる」

(2) 〈瞑想〉について

「〈東洋の神秘思想家〉は、すでに〈二〇〇〇年も前〉に、三次元世界の〈虚像のこの世〉を超越した、時間と空間が統合した四次元世界の〈実像のあの世〉を〈体験〉していた」
「人間が瞑想状態にあるときには、東洋の古聖賢たちがそうであったように、三次元世界の虚像のこの世にあって、四次元世界の実像のあの世を視る（相補化する）こともまた決して不可能ではない」
「もしも、そのような四次元世界の〈心の世界のあの世〉を、三次元世界の〈物の世界のこの世〉に住む私たちが〈瞑想〉か何かの方法によって、〈次元を超えて見渡す〉（統合する）ことさえできれば、私たちは各自の〈永遠の現在〉としての〈宿命〉を〈一瞬にして一望〉（知る）ことができるし、その〈宿命〉が〈時間の経過〉とともに三次元世界のこの世に運ばれてくる〈運命〉についても、それを時系列順に知ることができる」
「私たちが住んでいるのは時間の流れる三次元世界のこの世であるから、普通の状態では、時間の停止した四次元世界のあの世の〈宿命〉を知ることは決してできないし、それが時系列順に三次元世界のこの世に運ばれてきた〈運命〉についても、それを〈因縁生起〉としてしか体験できない」

(3) 未来が現在に影響を及ぼす

「〈電子〉が〈心〉を持っているからこそ、〈人間〉の〈心〉は〈電子〉の〈未来〉に対してはもちろんのこと、〈電子〉の〈過去〉に対しても〈影響を与える〉ことができる」

「電子は可視（粒子）と不可視（波動）の両面を持っているばかりか、空間的には宇宙全体へ、時間的には何十億もの過去や未来へと広がるような非局所性を持っている」

4 波動の重要性

「万物は、互いの固有の波動（気）によって影響を受ける」

「〈この世〉のすべての現象は、〈波動の世界〉としての〈情報伝達の世界〉すなわち〈以心伝心の世界〉、それゆえ総じて〈心の世界〉を介して、〈あの世〉と密接につながっており、〈波動の世界〉（心の世界）を〈無視〉しては、もはや〈何事も考えられ〉ない」

「〈波動〉こそは、〈先験的宇宙情報〉（宇宙の意思、神の心）を負荷された〈エネルギー〉であり、〈万物〉（人間をも含めた生物や無生物）の〈形成〉や、〈生命〉の〈生滅〉にもっとも深く関わる〈見えない生命の絆〉である」

あなたの考えがはっきりした確かなものになったら、それを真実として語りなさい。はっきりと声に出しなさい。創造の力を呼び出す偉大な号令を使いなさい。「これがわたしである」という号令を。他の人に、「これがわたしである」と宣言しなさい。「これがわたしである」というのは、宇宙でもっとも力強い宣言だ。あなたが何を考え、何を語るにしても、「これがわたしである」という言葉をきっかけにものごとが動き、体験できるようになる。

（ニール・ドナルド・ウォルシュ著　吉田利子訳『神との対話』）

第Ⅲ部　〈高次の世界〉で〈生きたまま生まれ変わる〉

第一章では、〈この世界〉の「ネガティブ思考／トラウマ」を「アンインストール」するための方法をお伝えします。それらは〈知識〉に基づいたものであり、「アンインストール」することにより〈高次の世界〉の「門」が開きます。

第二章では、第Ⅱ部第三章でまとめた山田廣成氏と岸根卓郎氏の著書より六つの「課題」を設定し、それらを追究することにより、〈高次の世界〉における「本質的な人の生き方」を導き出します。

第三章では、「本質的な人の生き方」を含め本書で述べてきた内容を「生きたまま生まれ変わるための生き方27箇条」としてまとめます。

尚、第Ⅲ部では〈高次の世界〉の〈ポジティブ思考〉が貫かれていることは言うまでもありません。

第一章　「ネガティブ思考／トラウマ」の対処法

以下に、「ネガティブ思考／トラウマ」を「アンインストール」する方法を示しますが、その前に、言葉のパワーについて簡単に記します。

第一節　言葉のパワーについて

1　文献から見る言葉のパワーについて

「言霊《ことだま》」という言葉があります。「言霊」とは「古代日本で、言葉に宿っていると信じられていた不思議な力。発した言葉どおりの結果を現す力があるとされた」（『デジタル大辞泉』）という意味です。

そもそも「言霊」という言葉が最初に登場したのは『万葉集』です。『万葉集』の柿本人麻呂の歌に「磯城島（しきしま）の日本（やまと）の国は言霊の幸（さき）はふ国ぞま幸（さき）くありこそ」という歌があります。意味は「日本の国はことばの霊力で幸福がもたらされる国だ。（その力によってどうぞ）ご無事であってほしい」（『全訳古語辞典』）となります。このように日本には昔から言葉そのものに霊力が宿っているという「言霊信仰」があります。言わば、言葉とは「呪文」のようなものなのです。

『新約聖書』の「ヨハネによる福音書」の冒頭部分には言葉のパワーについての有名な言葉がありますので、引用します。

はじめにみことばがあった。みことばは神とともにあった。みことばは神であった。かれは、はじめに神とともにあり、万物はかれによってつくられた。つくられた物のうちに、一つとしてかれによらずにつくられたものはない。かれに生命があり、生命は人の光であった。

「はじめにみことばがあった。みことばは神とともにあった。みことばは神であった」ということですが、言葉のパワーを表すのに、果たしてこれ以上の表現があるでしょうか。

2　実験から見る言葉のパワーについて

(1) 言葉が意識として身体に与える影響について

言葉は意識として人間の身体に影響を与えます。簡単にできる実験がありますので、紹介します。皆さんもやってみてください。

a　指が伸びる実験（米田晃・前田豊編著『意識科学──意識が現象を創る』）

まず右手で行う

①いすに軽く座る

②大きく3回深呼吸をする

③両手の感情線をぴったりと合わせ拝むようにする

④両手の指の長さの差を確認する

⑤両手を開き右手の中心（労宮穴）を見る

⑥指が伸びる、と繰り返し思う

⑦指が伸びたことを信じ、③を行う

⑧両手の指の長さを確認する

（利き腕が右手の人では1センチ以上伸びることがあります）

⑨両手でグーパー、グーパーを繰り返す

⑩両手は元の長さに戻る

次に左手で行う

⑪左手で②〜⑧までを繰り返す

（利き腕が左手の人では1センチ以上伸びることがあります）

⑫両手でグーパー、グーパーし続ける
⑬両手は元の長さに戻る
左右のどちらか伸びやすい方の手で瞬間での変化実験を行う
⑭左右どちらかの手を決める
⑮手の中心（労宮穴）を見た瞬間に、指が伸びたと確信する
⑯両手を③のように合わせ、左右の指の長さを確認する
⑰両手でグーパー、グーパーを繰り返す
⑱両手は元の長さに戻る

いかがでしたか。この実験は過去20年で、指の長さが変化しない人は全体の3％ほどで、他の97％の人は成功しているそうです。指の長さが上手く反応しなかった人は、気の滞りや、頑固な状況、つまり性格や固定観念の強さが影響を与えているそうです。緩和するためには、呼吸法の実践や体を動かして筋肉を柔軟にし、意識の柔軟性も高めるとよいそうです。

b　腕が下がる実験
①両手をグーにして腕を床に平行になるようにして真っ直ぐ前に突き出す
②右でも左でもいいので、どちらか一方の腕が重くなると何度も思う

③重くなると思った方の腕が下がったか確認する
④①を行う
⑤右でも左でもいいので、どちらか一方が軽くなると何度も思う
⑥軽くなると思った方の逆の腕が下がったか確認する

変化があった人ほど、言葉、すなわち暗示の影響を受けやすくなります。このように言葉は身体に影響を与えるのです。

(2) 言葉を思い込むことによる身体的影響について

ブルース・リプトン著『思考のパワー――意識の力が細胞を変え、宇宙を変える』に、このような記述があります。

日本で行なわれた実験がある。そこには漆にアレルギーを持つ子どもが参加した。片方の腕に彼らにとって毒性のある漆を塗りつけ、もう片方の腕には漆に似た別の植物を塗りつけて観察したのだ。予想通りほとんどの子どもに毒性のある葉を塗りつけたほうの腕には発疹ができ、そうでないほうの腕には発疹が出なかった。

子どもたちの腕の片方には漆が、もう片方には他の植物が塗られました。子どもたちはそれを認識しています。漆を塗られた腕に発疹ができるのは当然の結果です。しかしこの実験はそのような単純な実験ではありません。

実際はラベルが逆に貼られていたのです。漆だと思っていたのは漆ではなかったのです。漆ではなかったのに発疹ができてしまったのです。これを「ノセボ効果」と言います。「ノセボ効果」とは、偽薬にもかかわらず副作用が現れてしまう現象のことです。例えば、「この薬（本当は偽薬）はよく効きますが、眠くなりますよ」と言われると本当に眠くなってしまうことがあります。その反対は「プラシーボ効果」になることは言うまでもありません。

興味深いのは、本物の漆には発疹が出なかったということです。要するに、ポジティブに捉えれば健康になり、ネガティブに捉えれば病気になるという単純なことが証明されたことになります。人間は、たとえ嘘であったとしても、言われたことを純粋に思い込んでしまうと、良い意味でも悪い意味でもそうなってしまうのです。

さてここで応用です。「私はだめな人間だ」と思い込むと本当にそうなってしまうということはもうわかりますよね。さあどんどんポジティブな言葉を発してください。自分を褒めてください。唱えるなり、書き出すなりしてください。そしてそれを信じ切ってください。

第二節　「ネガティブ思考」について

「ネガティブ思考」については本当に個人差があります。人によっては不幸を不幸と思わない人が実際にいます。その一方で、不幸と思われないことでも不幸として捉えてしまう人もいます。この世の中、前者の方が生きやすいことは言うまでもありません。

また男女差も無視できません。男女の違いを一般化することには危険が伴うことは承知の上で以下に記しますが、容易には否定できないでしょう。

一例として、昔から女性のおしゃべり好きについては「女三人寄れば姦《かしま》しい」などと言われ、そこから「かしまし娘」という漫才トリオが誕生しましたが、男性にはこのような事実は見られません。以下は女性と男性の一般的に考えられる対比です。

- 女性は感情的、感覚的、複雑、敏感、饒舌、依存的
- 男性は論理的、実証的、単純、鈍感、寡黙、自立的

これら男女に見られる違いは右脳と左脳を連携させる脳梁（神経線維の太い束）の太さが女性の方が太いことから左右の連携がいい、つまり言語に感情を伴いやすく、さらにマルチタスクに長《た》けているとも言われていますが、科学的な証拠には欠けます（https://natgeo.nikkeibp.

co.jp/atcl/web/17/020800002/021400005/)。

確実なのはホルモン量の違いです。「男性の場合は女性に比べ男性ホルモンがせいぜい二倍、女性の場合は男性に比べ女性ホルモンが五倍ほど多いというにすぎません。だが、このホルモンの量的な違いが、生物学的には男性と女性という質の違いを引き起こすのです。男性脳と女性脳の違い、あるいは西洋人脳と東洋人脳の違いも、突きつめてみればそこから生じてきます」(岸根卓郎著『見えない世界を超えて』)。

ご存じのように、女性ホルモンは周期的にも年齢的にも変化します。したがって、女性は生涯ホルモンの変動の影響を受け、心身ともに様々なトラブルに見舞われやすく、情緒不安定になりやすくなります。よって、感情のコントロールの仕方を学ぶことは有意義なことになります。もっとも男性も感情のコントロールを学ぶ必要があります。なぜなら(後述しますが)感情というのは皆さんが思っている以上に大切であり、人生に影響を与えているからです。

1 「ネガティブ思考」とその対処法について

「最近の調査によると、平均的な人が一日に漏らす不平の数は小さいことまで含めて七十回もある」そうです。また、「人は一日に六万個の物事を考えていて、その九五パーセントは前日も前々日も考えていたこと」であり「その習慣的な考えの約八〇パーセントがネガティブなもの」だそうです。要するに、多くの人は一日に四万五千回もネガティブことを考えているということになります（マーシー・シャイモフ著『「脳にいいこと」だけをやりなさい！』）。

どうやら人間はネガティブなことをネチネチと考えることが好きなようです。人はとかく「考えるだけならば勝手ではないか」と思いがちですが、ネガティブな思考をすると脳内では毒性のホルモンが分泌されるといった物質化が起こりますので要注意です。

ネガティブ思考といっても様々です。根深さの度合いという観点から、わかりやすく、軽度・中度・重度と分類します。軽度といってもその内容をくどくどと繰り返してしまうと増幅し強化されてしまうので、意識化し、ポジティブなことを考えるなどして払拭してください。問題は中度と重度の場合です。

(1) 認知療法について

第I部第一章第一節において、認知療法について述べました。ここでは、認知療法の観点からアプローチします。簡単にできますので試してみてください。もっとも専門書ではありませんので、詳細は専門書をお読みください。

本項の認知療法についての記述は、主にアーサー・フリーマンの『認知療法入門』からとします。

認知療法の提唱者であるアーロン・T・ベックは、感情の中には三つの要素、すなわち、①「認知の三特徴」、②「認知の歪み」、③「図式（スキーマ）」が存在していると仮定しています。

①「認知の三特徴」

そもそもうつ病患者が示す独特の否定的な見方を指しますが、うつ病以外にも広く適用できます。具体的には、「自己に対する否定的な見方」、「世界に対する否定的な見方」、「未来に対する否定的な見方」となります。

②「認知の歪み」

具体的に項目別に記します。実際はこれらが複雑に組み合わさって現れます。自動思考の歪みには「認知の歪み」が関係しています。

a　全か無か的思考—**白か黒かという両極端の範疇で評価する。**

例えば、優秀賞を取るか、取らなかったら自殺するか。

b　破局的な見方—**ちょっとした困難を大変な災難のようにおおげさに考えていると、世界の終わりが差し迫っているという恐怖を感じながら生きることになる。**

例えば、澄み切った青空を見てもそこに雲を見てしまう／作り出してしまう。

c　過度の一般化—**一度のいやな出来事から、それが何度も起こると勝手に結論する。**

例えば、一度女の子をデートに誘ったが、断られてしまった。それがもとでもう二度とデートができないと考えるようになる。

d　選択的抽出―**否定的な一つか、せいぜい二つか三つの論拠を選択的に選び出し、その他をすべて無視する。**

例えば、好きな相手が誘ってくれることだけに意味を見出し、その他の相手の好意をすべて無視してしまう。

e　ポジティブ側面の否認―**勝利の中から敗北を強奪するような驚くべき技術である。**

例えば、大学をオールAで卒業したとしても、その成功をネガティブな面からしか見ることができない。

f　独断的推論―**事実とは違うような、あるいは全く事実無根の否定的な結論を独断的に引き出す。読心術と否定的予測がある。**

・読心術―**他人が私の心を読んで、私が何をしてほしいと思っているかを知っているべきだという考え方。あるいは、私には他人が私のことをどう思っているかがわかるので、わざわざそれを確かめるには及ばないという考え方である。**

例えば、夫は妻が怒っていないのに、怒っていると勝手に判断する。

・否定的予測―**何か悪いことが起こりそうだと想像し、実際にそうなると予測し、それが現実でなくても、その予測を事実だと考える。**

例えば、試験の準備が充分できていても落第すると考える。

g　誇大視と極微視―**物事を極端に誇張したり、矮小化して捉える。**
例えば、自分の失敗や欠点などを実際よりも大きく、長所などを実際よりも小さく見積もってしまう。

h　感情的論法―**自分の感情を引き合いに出して、物事を判断する。**
例えば、「罪悪感にさいなまれる、だから、悪い人間にちがいない」と思う。

i　「すべし」表現―**罪悪感で人を動機づけようとする。**
例えば、「私は／あなたはこうすべきだ」と言う。

j　レッテル貼りと誤ったレッテル貼り―**レッテル貼りと誤ったレッテル貼りがある。**
・レッテル貼り―**否定的な自己像を作り出す。**
例えば、「一つ間違えた」と考える代わりに「自分は落伍者だ」と考える。
・誤ったレッテル貼り―**感情的な色合いの濃い不正確な言葉である出来事を語る。**
例えば、「何と私はいやな人間だろう、私は豚だ」と考える。

k　自己関連づけ―**自分とは関係のない出来事を自分にとって意味があると考える。**
例えば、急いでいると、いつも交通渋滞に巻き込まれる。

③「図式（スキーマ）」
「スキーマ」とは「人が自分自身を個人として、そして集団の中の一員として、どう規定して

いるかということ」になりますが、それは「人生の最初期から形作られはじめ、小児期の半ばまでに確固としたものになる」と考えられています。「スキーマ」が「認知の歪み」の原因となります。

「スキーマ」は意識に上らないので、日常生活で本人が気づくことができる「自動思考」(「問題の場面に自動的にわいてくるような考え」)から推論します。よって、自動思考から攻略する必要があります。

(2) 認知療法による対処法について

以下に辛い気持ちになってしまう自動思考とスキーマを見出し、その対処法を順序立てて記します。

自動思考とスキーマを見出す際には、頭の中が整理されるので書き出すのが望ましいのですが、面倒くさいとか、かえって苦痛になると思うなら、そうする必要はありません。

① 繰り返すネガティブな自動思考を意識する

例えば、次のようなとき、あなたの頭に何がパッと浮かびますか。

1-a　意中の人に思いきってメールをしたが返事がない

1-b　テストで平均点以下を取ってしまった

1-c　部下／後輩のミスを部長／先輩がカバーしているのに部下／後輩が先に帰った
1-d　最近太ったのでダイエットをしているが、チョコレートがやめられない
1-e　仕事を解雇された

〈キーワード〉「そのときの私の考え方は……だった」
「そのとき私は……と思った」

以上の1-a～1-eに対し、例えば、それぞれ次のような自動思考2-a～2-eが浮かんだとします。

2-a　自分を好きになってくれる人なんているわけない
2-b　100点を取らなくては意味がない
2-c　部下／後輩は上司／先輩よりも遅くまでいるべきだ
2-d　私はなんて情けない人間なんだろう、全くのダメ人間だ
2-e　これからもう生きていけない

ネガティブな自動思考が自覚できましたか。複層化している場合もありますので、神経質にならずにゆったりとした気持ちでやってください。

② 認知の歪みに気づく

自動思考の歪みには「認知の歪み」が関係しています。前述の2-a～2-eの例について、「認知の歪み」を当てはめてみましょう。

2-aは「過度の一般化」

2-bは「全か無か的思考」

2-cは「『すべし』表現」

2-dは「レッテル貼りと誤ったレッテル貼り」－「誤ったレッテル貼り」

2-eは「独断的推論」－「否定的予測」

〔キーワード〕「私の自動思考はこんなに歪んでいた」

③「歪みの修正」をする

前述の2-a～2-eに対して、3-a～3-eとして反証してみましょう。一例をあげます。

3-a　一人や二人に無視されたって女性／男性は沢山いるから大丈夫

3-b　平均点取れればいいや

3-c　就業時間／下校時間が過ぎていればいつでも帰ればいい

3-d　人間だからチョコレートが食べたいときだってあってもいい
3-e　ハローワークに行けばいいし、探せばつてだってある

〔キーワード〕「考え方って大事なんだ」

大事なことは「歪み」に気づいて「歪みを修正」することなのです。ネガティブな自動思考を把握し、歪みに気づき、修正したら、ゆっくりと呼吸をしてください。「吸って、吐いて」をゆっくりと自分が気持ちいいペースで何回か繰り返してください。ゆっくり呼吸する意味は、自分を取り戻すためであり、副交感神経を優位にさせるためでもあります。また右脳の活性化にもつながります。副交感神経が優位になると脳波はα波になり、幸せホルモンが分泌されます。幸せホルモンとは、β-エンドルフィン（モルヒネの5～6倍の効果があり、鎮痛作用がある）、セロトニン（憂うつを取り除き、不安を鎮める）、ドーパミン（警戒心と快感およびやる気に関わる）、オキシトシン（結びつきの気持ちを生む）です。それらにより心身が緊張から解放されるのでリラックスし、気持ちにゆとりが出てきます。

④　自動思考の背後にある強固なスキーマをあぶり出す
「認知の修正」をしたらかなり楽になったと思います。しかしそれでも状況が変わると、あな

たを苦しめるネガティブな自動思考が浮かぶことがあるかもしれません。それはその元となる「こころのクセ」、すなわちスキーマがあるからです。スキーマが「認知の歪み」の原因になっていることは前述した通りです。

前述の2-a～2-eのスキーマを考えてみましょう。スキーマは①「認知の三特徴」、すなわち、「自己に対する否定的な見方」、「世界に対する否定的な見方」、「未来に対する否定的な見方」から検討します。

2-aは「自己に対する否定的な見方」→私は人から愛されるべきだ
2-bは「自己に対する否定的な見方」→私は何でも完璧でなければならない
2-cは「世界に対する否定的な見方」→年下の人は年上を尊敬するべきだ
2-dは「自己に対する否定的な見方」→私は女性としても人間としても価値がない
2-eは「未来に対する否定的な見方」→将来に夢も希望もない

〔キーワード〕「気がつかなかったけど、私はこんなことにこだわっていたんだ」

⑤　スキーマを顧みて、そのメリットとデメリットを考える

スキーマはすべてネガティブなことばかりで、あなたにとって何のメリットもないことが確認できたことでしょう。ネガティブ思考は脳では確実に物質化され、心身に悪影響を与えます。

これは前述した通りです。単なる考えで自分で自分を苦しめていたことに気づいてください。

〔キーワード〕「こんなことを考えて何の得があるんだろう」

「自分で自分を苦しめていたんだ　無駄な考えにとらわれていただけなんだ」

ぜひ声に出してみてください。なぜ声に出すことがいいかというと、声に出すということは右脳の働きを促すからです。

⑥　最後は、（笑えなくても）笑う

まず口角を上げ笑い顔を作ってください。そして声に出して笑ってください。自ずと感情も伴ってきます。

笑う意味ですが、人は笑うとストレスホルモンの分泌が抑えられ、β-エンドルフィンやセロトニンが分泌され、幸福感が高まります。さらには免疫を高めるＮＫ細胞の働きを活性化させます。その他、筋肉を弛緩させリラックスさせてくれます。「笑う門には福来たる」なのです。眉間にしわを寄せ真剣になったところで何の解決にもなりません。なぜなら単なる考えなのですから。

〔キーワード〕「くだらない！　もう　そんなことどうでもいいや！」
「ウフフ、アハハ、イヒヒ、エヘヘ、テヘヘ」

以上の方法で多くの場合、良い方向に向かいます。ネガティブな思考を意識化させ何度も繰り返してください。生真面目な人ほど負のスパイラルに陥る傾向がありますので、「いい加減」ではなく、「好い加減」が大事であると認識してください。

しかしながらその人の性格やら、その事象の内容により、良い方向に向かうきっかけが掴みきれない場合もありますので、以下に対処法を示します。

2　「五つの型」とその対処法について

⑴　「五つの型」について

何度も対処法を試みたにもかかわらず、思うような効果が得られない場合には大きく五つの要因が考えられます（五つ目は次節で扱います）。

一つ目は、「何で私ばっかり……」などと不平不満の塊になっている場合です。このような場合、本人はネガティブな世界にネチネチと浸っていることをなぜか心地良く感じているので、そこから出たくないのです。それだけならば本人の問題として済むのですが、多くの場合、そのような人は人に愚痴を言っては同意を求めます。よって、周囲の（特に親しい）人が迷惑を受けます。この場合を「はた迷惑型」と名付けます。

二つ目は、「私がこうなったのはあの人のせいだ」などと自分を省みることなく、自分の不幸を人のせいにして済ましてしまう場合です。この場合を「責任転嫁型」と名付けます。

三つ目は、事ある度に「悪いのは私」などと自分を責める場合です。この場合も自分を客観的に見つめることはしません。この場合を「自責の念型」と名付けます。

四つ目は、真実に気づき変わりたいと思っているのですが、なかなか変わることができない場合です。具体的には、「時期が来ていない」か、または「学びが終了していない」ということになります。この場合を「時期未到来型」と名付けます。

「時期が来ていない」ということは、「自然の摂理」が働いているということです。例えば、春になると桜が咲きますが、夏には咲きません。つまり、この惑星にはサイクルがあるということです。よって人間にもサイクルがあり、必然的に個人にもそれぞれのサイクルがあるということになります。したがって、わかっていてもなかなか変わりきれないということは、その人のサイクルが影響しているということも考えられます。

「学びが終了していない」とは、人生の〈宿題〉が難しくてなかなか終わらないという状況になります。

(2) 対処法について

最初の三つの「型」に共通していることは、その根底に「被害者意識」があるということです。「被害者意識」にエネルギーを取られているので、ポジティブになりにくいばかりか、真実に気づく機会が奪われているのです。つまり「人間が見ていない月は存在しない。月は人間が見たとき初めて存在する」ということです。「被害者意識」を取り除く方法は「魔法のことば」として後述しますので、参照してください。

四つ目の「時期未到来型」の「時期が来ていない」ことについては、〈魂〉の声を聴きながら、自分の〈花が咲く〉時期を焦らずに待つのです。〈花が咲く〉までは必要な知識や経験、そしてエネルギーを蓄えておきましょう。

「学びが終了していない」ことについては、与えられた〈宿題〉をきちんと仕上げることです。仕上げてしまえば、つまり学ぶべきことを学んでしまえば、次の「ステージ」へと上がることができます。決してしてはいけないことは「学び」を回避することです。回避してしまうと、終了するまで違った形で〈宿題〉が出され続けます。その際、〈宿題〉が易しくなることはありません。大事なことは、その〈宿題〉がどんなに難しくて苦しくても真摯に向き合うことなのです。

そもそもなぜ〈宿題〉が与えられるのでしょうか。人生の〈宿題〉について少し考えてみましょう。

「宿題」とは、学校などで家庭学習用に出される課題を指しますが、（たとえやりたくないと思っても）「宿題」を仕上げることにより充実感が得られ、さらには知識が豊かになり前進することができます。

それは人生の〈宿題〉でも同様です。例えば、「嫁と姑」といった問題があります。その問題は多くの人が見聞きして知っていますが、見聞きするのと「体験」するのでは大違いなのです。「体験」することにより、生の人間関係に触れ感情も発生します。〈宿題〉は苦しいがゆえに私たちを成長させてくれるものなのです。

要するに、地球に生まれた私たちの〈魂〉は、成長したいがゆえに、自ら様々な〈宿題〉を設定して、それらを「体験」したがっているのです。そのプロセスを経ることにより、〈魂〉が満足し納得し、人格も成熟し、〈進化〉していくことができるのです。その際、「〈宿題〉が来たな！　こう来たか、私は負けない！」といった強い意志と楽観的姿勢が鍵になります。実際、何とかなります。人生を楽しみましょう！

第三節　「トラウマ」について

五つ目は、問題が外からもたらされた場合、すなわち「トラウマ型」の場合です。「トラウマ」とは簡単に言えば「心的外傷」です。人間は予測不能な不幸な体験をすると強い精神的ストレスを受けます。「不快な経験は化学的に誇張されてうれしい経験より長く記憶に残ります」（マーシー・シャイモフ著『「脳にいいこと」だけをやりなさい！』）（傍点は著者）。扁桃体の活動が極めて活発になった状態とは、頻繁にアドレナリンを放出している状態ですが、「扁桃体が過熱状態になると、脳はネガティブな神経回路を広げてしまい、思考もマイナス方向へと一直線に下がっていってしまいます」（前掲書）。さらに海馬が命に関わる重要な記憶と判断し長期記憶（＝潜在意識）として大脳皮質に送り、保管されてしまいます。

トラウマは消そうとすればするほどかえって強化されてしまいます。また一時的に押し込まれたとしても何かをきっかけにして蘇ります。よって、その記憶を、脳の特性を利用して「上書き」することにより、書き換えてしまうということが必要になります。それは月日が経てば次第に薄れていきます。「日日薬《ひにちぐすり》」とはよく言ったものです。

1　映像や音が消えない場合の対処法について

まず、ＮＬＰ（Neuro Linguistic Programming）を紹介します。ＮＬＰは１９７０年代半ばのアメリカにおいて誕生しました。創始者は、心理学と数学を研究していたリチャード・バンドラーと言語学の助教授のジョン・グリンダーです。

リチャード・バンドラーは「もっと自分の内なる声のボリュームを調整し、画像をきちんと整理して配置することで、何を信じて何を信じないかを選択することができればできるほど、そして、あなた自身のメンタル・プロセスを管理できればできるほど、あなた自身の人生もより良く管理できるようになる」（リチャード・バンドラー著『望む人生を手に入れよう』）と述べています。

ＮＬＰは「神経言語プログラム」と訳されます。Ｎは「脳の働きを含めた五感を意味」し、Ｌは「言語や表情、動作などの情報」であり、Ｐは「人の脳に組み込まれた行動や感情のパターン」です。一言で言えば、「実践的な成功心理学」です。

ＮＬＰのスキルの一つである「五感を活用して心を整理」（加藤聖龍著『たった今から人生を変えるＮＬＰの法則』）からアプローチします。

思い出はエピソード記憶になります。例えば私の場合です。幼少時、父は会社を営んでいました。母はそれを共に支えていたことから、母の帰りが遅くなる日が多々ありました。私は友人たちと家の前の広場でよく遊んでいましたが、夕食時になると、一人二人と親に呼ばれ帰っていきました。最後に残るのはいつも私でした。母が帰るまで一人で待っていました。私は寂しいやら友人がうらやましいやらで、そのときの映像が深く心に刻まれてしまいました。広場に一人残され一人寂しく佇んだ映像がことある度に浮かんでは、よく涙ぐみました。

(1) 消えない映像の対処法について

今、実際にレモンや梅干しがなくても、それらを想像するだけでジュワッとなりませんか。また、楽しかったことを思い浮かべると楽しくなりませんか。つまり、脳には現実と想像を区別できないという特性があります。さらに人間は物事すべて五感を通して受け止めています。よって、記憶にまつわる不快な感覚も五感の構成要素を変えることにより、楽しく心地良い感覚へと変えることができます。

手始めに、二つのパターンを創るといいでしょう。

① その映像を自分が好きで楽しい場面に変える

② その映像を思わず笑ってしまうほどあほくさい場面に変える

＊その際、色は明るいカラーにし、声や音もつけて楽しいものにしてください。

例えば、私の例で示します。

① 私が寂しく一人佇んでいるところに、ミッキーマウスとミニーマウスたちのマーチングバンドがやってきます。そして一緒に歌ったり踊ったりします（私はディズニー系が大好きです）。

② 明石家さんまさんが登場します。そしてさんまさんが「どないしはった？」、「感傷に浸っ

ている場合じゃありゃしまへんで！」、「（少し古いですが）あほちゃいまんねん、パーでんねん、パ〜」などとわけのわからない関西弁で話しかけてきます。

思わず笑ってしまったらこっちのものです。このようにトラウマになっている映像を、創造した場面に何度も何度もすり替えることにより次第に変わっていきます。二つのパターンは基本ですので、一つでもいいし、三つでもかまいません。皆さんが好きなようにアレンジしてください。

(2) 消えない音の対処法について

トラウマとしての音が消えない場合でも同様です。とりあえず二つのパターンを創ってみましょう。

① その音を自分が好きで楽しい音に変える
② その音を思わず笑ってしまうほどあほくさい音に変える
＊その際、明るいカラーにし、声や音を変えて楽しいものにしてください。

例えば、上司にいつもどなられていて、その声が消えない場合です。
① その上司の声を皆さんの好きな人の声に変え、顔も変えてしまってください。

② その上司の声を思いっきり変な声、例えば早回しのような声に変えてしまい、顔も思いっきり変顔にしてください。

2 ネガティブな感情がどうしても消えない場合の対処法について

次に、例えば、命に関わるような衝撃的な出来事などの記憶が繰り返されてしまうような場合には、以下の「対処法」を試してみてください。

対処法

① 言わば人間として究極な状況で生じるネガティブな感情は、人間として当然のこととして受け入れ、無理して排除または押し込もうとしないでください。排除しようとすればするほどまとわりついてきます。

無理して押し込むと、脳からもストレスホルモンが分泌されるばかりか、身体、特に内臓等にネガティブな感情が蓄積されてしまいます。例えば、悲しみは肺や心臓等に、不安は大腸等に、拒絶は胃や卵巣等に、恐れは心臓や胃や腎臓等に、憎悪は脾臓や大腸等に、怒りは心臓や胃や肝臓等に蓄積され、結果的に病気を引き起こします（キャロル・ライトバーガー著『感情地図』）。

ゆっくりとした呼吸を繰り返して次のように言ってください。

〔キーワード〕「まあ、いいや、ネガティブな感情を抱いたって当然だよね、人間だからね」

② それでもまだネガティブな感情がフツフツとわき上がり、その感情に席巻されそうになったら、その感情を意識化し、気が済むまで吐き出してください。その際、もし相手がいるならば空想上の相手を目の前に想定してください（相手がいない場合は感情の吐露だけでかまいません）。その相手に向かって気が済むまで何度も何度も繰り返してください。ただし、最後には相手に「ありがとうございます」と感謝の意を伝えて、空の彼方に吹き飛ばしてください。

とにかく気が済むまで吐き出す、昇華させるという行為は思っている以上にとても大事なことです。感情は目に見えませんが、確実に身体に存在しています。

その際、人がいない所で一人でやってください。人には悪影響を与えてしまいます。また周りの空気が毒されないように、目に見えないフィルターを想像し、それを通して感情を吐き出してください

（以下は一例ですので、それぞれの状況に合わせてください。）

〔キーワード〕「これから私、一体どうやって生きていけばいいの?!」

「もう〜、何てことしてくれたんだ！」

③吐き出したら、プラスの感情で相殺します。自分にいたわりの声をかけてください。自分のすべてを愛おしんでください。自分のすべてを受け入れてください。自分のすべてを褒めてください。実際、あなたはよくやってきたのです。自分で自分を守るのです。

ゆっくり呼吸をして次のように言ってください。

〔キーワード〕「今までよくがんばってきたね、がんばりやさんだったね、えらかったね！」

「私のすべてさん、今まで本当にありがとう」

「私ってえらいね！　すごいね！　すばらしいね！」

「私は成幸している！」

「私は（宇宙に）守られている！　ありがとうございます」

④最後は、「魔法のことば」で閉めてください。「魔法のことば」はあなたを癒やしすべてを好転させてくれるパワーを持っています。

ゆっくり呼吸をして次のように言ってください。

〔キーワード〕「私はすべてを許します」
「私は幸せです。私はみんなの幸せを祈ります」
「私はすべてに感謝します。ありがとうございます」

涙が出てきたら止める必要はありません。泣きたいだけ泣いてください。あなたのストレスホルモンは消え失せ、幸せホルモンで満たされます。副交感神経が優位となり、脳波はα波にコントロールされるようになります。

「はじめに」で、私はこのようなことを書きました。一部を抜粋して再掲します。

かつての私は、無意識にコントロールされやすく、落ち込みやすく、なかなか前に進めませんでした。さらに様々な負の要因も重なり、そのプレッシャーに押しつぶされそうなときもありました。

あるとき、ある「ことば」がこみ上げてきました。そしてそれを唱えました。すると殻が音を立てて崩れていき、呪縛が解けていき、自由そして希望を感じました。直感で、「あ〜これでいいんだ、あ〜これなんだ、人には人の生き方があるんだ！」と思いました。するとすべてが好転し始めました。

その「ことば」こそが「魔法のことば」なのです。様々な負の要因が重なったとき、私はあらゆるネガティブな感情を経験しました。私の人生はもはやこれまでとさえ思っていました。しかし散々ネガティブな感情を味わい尽くしたある日、突然、もうどうでもよくなったのです。つまり感情を昇華したのです。すると「魔法のことば」が自然と口をついて出てきて、それを「呪文」のように何度も何度も唱えました。すると温かい気持ちになり、景色が違って見えたのです。宇宙のすべてが私を応援してくれているように感じたのです。

3 「許す」ということ、「感謝する」ということに気づく

皆さんは「魔法のことば」の「私はすべてを許します」、「私はすべてに感謝します」という「ことば」に違和感を覚えるかもしれません。「愛する人を殺した人をどうして許せるの!?」、「裏切ってすべてを奪った人をどうして許せるの!?」、と皆さんは問うかもしれません。それはその通りです。人間として当然の反応です。

(1) なぜ「許す」という気持ちが大切なのか

そもそも怒りや憎しみといったネガティブな感情は、主に「軽視された」、「軽蔑された」、「無視された」、「大切に扱ってもらえなかった」という思いから発生します。そしてその感情の奥底には「被害者意識」が渦巻いています。

わかりやすくネガティブな感情の発生を構図にすると、「被害者」VS「加害者」になります。「加害者」を無視できればそれが一番いいのですが、深刻なダメージを受けたような場合には、「被害者」は「加害者」を「やっつけたい」という攻撃性を抱くようになります。

ここで問題になるのは、相手に向けるべき感情を自分に向けてしまっている場合です。つまり「加害者」をネチネチと自分の中で「やっつけている」場合です。いくらあなたが自分の中で「加害者」を「やっつけた」としても、「加害者」に影響が及ぶことはありません。それどころかあなたの中の「加害者」は増強してしまいます。結果的に、あなたに悪影響、つまり前述したように、ネガティブな感情は、エネルギーを無駄に消費させ、臓器に溜まってしまいます。さらにはストレスホルモンが充満し、遅かれ早かれ病気になってしまいます。

このような〝自滅の道〟をたどらないようにするためには「許す」という気持ちが大切なのです（具体的な対処法は前述した通りです）。

① 人間関係から生じた苦しみに対して

そもそも人は自分だけは正しいと思っている傾向があり、それが自分を苦しめる要因になっているということです。人はそれぞれの〝正義〟というものを持っています。よって、人はそれぞれの受け取り方をするのです。自分では相手を傷つけるつもりは全くなくても相手は傷つく場合があります。したがって、「私は正しく絶対に人を傷つけたことがない」などと軽々しく公言などできるはずもありません。人間は完璧ではないのです。

このような観点から、謙虚になって、今一度自分を振り返ってみると、思考が柔軟になり、人を「許す」という基本姿勢が生まれ、楽になるという方向性を見出すことができます。

② 理不尽な出来事により大きな苦痛を負わされた場合

こちらに落ち度が全くないのに一方的に被害を被ったという場合があります。例えば、無差別殺人などです。このような場合、遺族の方々のお気持ちはいかばかりかと思うと言葉もありません。日本は法治国家なので、犯罪者は法において裁かれるしかありません。もちろん法において裁かれたところで、簡単に許せるはずもありません。悲しみや憎しみも容易に消えるはずもありません。「許す」など死ぬまであり得ないと思っても当然です。納得いくまで悲しんでください。しかし憎しみや怒りは心身を害します。遺族の方々のお身体を案じるばかりです。「日日薬《ひにちぐすり》」という言葉があります。月日が薬代わりとして癒やしてくれるということです。「許す」ことに意識が向くには時間がかかるかもしれませんが、気持ちに少しでも余裕が出てきたら、「許す」ということを試してみてくれませんか。「許す」ことを選んだ方があなたのためだからです。「許す」という思いは、あなたを「生まれ変わらせてくれる」究極の方法の一つなのです。

(2)「許しのプロセス」と「感謝」について

「許す」という行為には段階があります。

第1段階として、「加害者」を「許す」のではなく、自分のために相手を「許す」のです。最初は「許す」という「ことば」さえ口にしたくないかもしれませんが、とりあえずは「加害者」に対してというよりは「すべて」に対してという気持ちで唱えてください。あなたの首を絞めているのは「加害者」ではなく、紛れもなく自分自身なのです。自分の首を絞めている自分の手を離すのです。それに気づくのです。すると、あなたはどんどん自由になっていきます。世界が開けてきます。

第2段階として、このような方向性で行くと、くすぶっていた「加害者」へのネガティブな感情も変わっていきます。次第に、「加害者」を許容する余裕が出てきます。「あの人も大変だったんだな」、「あの人も未熟で物事がわからなかったんだな」、「あの人も傷ついていたんだな」などと思いやりさえ感じるかもしれません。しかし親しくなれと言っているわけではありません。もちろん親しくしたいと思えばそうすればいいし、違和感を覚えればそれでいいのです。無理する必要はありません。ただ、その人の存在や言葉なりを無色透明にして、すべての抵抗や執着を手放すのです。

ここまでくれば、謙虚な気持ちも芽生え、すべてに対して「ありがとうございます」という

「感謝」の気持ちが起こってくることでしょう。涙が溢れるときもあるかもしれません。その涙は止めないでください。思いっきり泣いてくださいね。あなたは生まれ変わりました。

許すことによって、私たちは成長し、広がり、新しい地平線を見つけます。許すことで、実際に前に進むことができるのです。

（アイリーン・キャディ著　山川紘矢・山川亜希子訳『愛の波動を高めよう』）

イエズスは、「父よ、かれらをおゆるしください。かれらはなにをしているかを知らないからです」とおおせられた。

（『聖書』「ルカ」23：34）

第二章　「課題1」～「課題6」を設定し追究することにより、〈高次の世界〉における「人の生き方の本質」を導き出す

本章では、第Ⅱ部第三章において要約および引用した山田廣成氏と岸根卓郎氏の著書より六つの「課題」を設定し、それらの「課題」を追究することにより、〈高次の世界〉における「本質的な人の生き方」を導き出します。

「課題」1と2は山田廣成氏より、「課題」3～6は岸根卓郎氏より設定します。

第一節　「課題1」について

「一個の人間がある方向に進む状態は、人体を形成する水や電子が意志統一した状態である」と山田廣成氏は述べています。

1　「課題1」

① 多くの人は〈前〉に進みたいと思っていますが、そうするためには「人体を形成する水や電子が意志統一した状態」を創り出す必要があります。なぜ電子レベルで意志を統一させることが大切なのでしょうか。

② 具体的にどうすればそのような状態を創り出すことができるのでしょうか。

(1) ①について

山田氏は次のように述べています。

人間はほぼ電子から構成されており、「意志決定は人間の総体で行なわれている。個体は統合しなければ分裂する。人間の場合には多数の細胞で出来ていてそれら細胞にも意志があるが、人間は個体としてそれら細胞を統合」する存在です。

「現象としての電子の振る舞いと人間の振る舞いは酷似」しており、「意志が自分の未来を選択するところが人間と電子の共通点」であり、「量子現象がマクロな世界」でも起きています。大事なことは電子一個だけでは情報は不確定ですが、「多数の電子に受け継がれて電圧というマクロな量になったときに確定する。複数の電子集団に受け継がれた情報は確かであり、情報は確定し、不確定性は消滅する。これがボーアのいう『観測すると収束する』という意味である。集団が持つ情報をだれしも容易には変更できない。とりわけコヒーレントな状態は、関与するすべての個体が同じ情報を共有している。これが、波束が収縮した状態であり、マクロな世界の確定性の意味」です。これを共鳴という観点からすると、「共鳴した状態とは全ての構成要素が意志統一した状態」で、「電子の意志が確定して個体の未来が予言可能になる」ということであり、これが「マクロの世界」になります。

以上から、電子レベルで意志を統一させることがなぜ大事なのかというと、それは「マクロの世界において個体の情報が確定」するからです。そしてそれにより「未来の予言が可能になる」からです。繰り返しますが、その状態とは、電子を初めすべての構成要素が意志統一をし、共鳴した状態になっています。逆に言えば、構成要素が意志統一をすることなく共鳴した状態になっていないと、未来はいつまでも曖昧模糊としてしまうということになります。詳しくは次項にて解説します。

(2) ②について

電子を初めすべての構成要素が意志統一をし、共鳴した状態になることにより、「個体の情報が確定」します。この状態を具体的に人間レベルで言うと、物事に対して「決断する／思い定める／腹を決める」といった行為に匹敵します。わかりやすい例で言うと、「あと3キロやせたらな〜」といった漠然とした気持ちではなく、また「3キロやせた方がいいんじゃないの?」などと人に言われていやいやダイエットをするのではなく、「3ヶ月で3キロ絶対にやせてみせる!」と自分の断固たる意志で「決断する」ことが大事なのです。この時点で「道」が付きます。

第I部において、未来を創造するための順序として「意識化」→「意思」→「意志」→「行動」としましたが、「決断する」ということは、「意識化」→「意思」→「意志」という部分に相当します。言うまでもありませんが、未来を「現実化」させるためには「行動」が不可欠になります。

ダイエットの例で言えば、少なくとも3ヶ月はダイエットをすることになります。その際、そのモチベーションを維持すること、電子レベルで言うと、構成要素の意志を統一させ共鳴させた状態を極力維持することが大事です。

このように「決断」する前と後では「現実化」の度合いが全く違います。とにかく大事なことは、「自分の意志で決断する」ということです。

もっとも「行動」を起こし「現実化」させるまでには様々な障害に見舞われたり、モチベーションが維持できない場合もあるかもしれません。そのような場合には、例えばダイエットの場合であれば、理にかなった努力は言うまでもありませんが、自分が美しくなった姿をあれやこれや「想像」し、「〈ワクワク〉する気持ち」や〈ポジティブ〉であることを心がけることも大事です。「未来は想像から創造する」と言ってもいいでしょう。

構成要素を共鳴させ「現実化」に向かっている状態を具体的な言葉で言うと、次のような語句になります

「楽しんでいる」、「好きでやっている」、「〈ワクワク〉している」、「胸がときめいている」、「生きがいを感じている」、「心が熱くなっている」、「意欲に満ちている」、「信じ切っている」、「地に足がついている」、「前向きな努力をしている」、「全身全霊を捧げている」、「ベストを尽くしている」、「万全を期している」、「時間を忘れている」、「没頭している」、「一

心不乱」、「一意専心」、「無我夢中」等

逆に構成要素が不協和音を奏でている状態を具体的な言葉で言うと、次のような語句になります。

「楽しくない」、「いやいややっている」、「つまらない」、「気が進まない」、「落ち込んでいる」、「ぼーっとしている」、「気が散っている」、「嫌気がさしている」、「地に足がついていない」、「やる気がない」、「集中できない」、「心ここにあらず」、「優柔不断」、「軟弱」、「弱気」、「中途半端」、「自暴自棄」等

皆さんは松下幸之助を知っていることでしょう。松下幸之助は現在のパナソニックの創立者です。日本の実業家としてはあまりに有名な方で、異名として「経営の神様」と呼ばれています。松下幸之助は「人としての生き方」の模範となる方です。

松下には構成要素が共鳴し合っていると読み取れる「道」という文があります。引用します。

自分には自分に与えられた道がある。天与の尊い道がある。どんな道かは知らないが、ほかの人には歩めない。自分だけしか歩めない、二度と歩めぬかけがえのないこの道。広い時もある。せまい時もある。のぼりもあればくだりもある。坦々とした時もあれば、かきわけかきわけ汗する時もある。

この道が果たしてよいのか悪いのか、思案にあまる時もあろう。なぐさめを求めたくなる時もあろう。しかし、所詮はこの道しかないのではないか。

あきらめろと言うのではない。いま立っているこの道、いま歩んでいるこの道、ともかくもこの道を休まず歩むことである。自分だけしか歩めない大事な道ではないか。自分だけに与えられているかけがえのないこの道ではないか。

他人の道に心をうばわれ、思案にくれて立ちすくんでいても、道はすこしもひらけない。道をひらくためには、まず歩まねばならぬ。心を定め、懸命に歩まねばならぬ。

それがたとえ遠い道のように思えても、休まず歩む姿からは必ず新たな道がひらけてくる。深い喜びも生まれてくる。（傍点は筆者）

しかしながら忘れてはならないことがあります。それは方向性です。いくら「ある方向」に進んだとしても、それが望ましくない方向であれば何の意味もありません。それではどのような方向に進めばいいのでしょうか。「課題2」において追究します。

第二節　「課題2」について

「人間が意志統一した状態は、全ての人間が同じ方向に進むという共鳴状態である。一個の人間がある方向に歩む状態は、人体を形成する水や電子が意志統一した状態である」と山田廣成氏は述べています。

1 「課題2」

① 一個の人間およびすべての人間が同じ方向に進む方向性とは、一歩間違えば危険な方向へと向かう可能性があります。それを良い方向へと向かわせるために、地球上のすべての個体に対して優位な立場にある私たちに必要とされるものは何なのでしょうか。

② ①と「進化」とはどのような関係があるのでしょうか。

(1) ①について

「他者を抹殺することは己を抹殺することであり、全ての個体が平等」であると山田廣成氏は述べています。

私たち人間が、「地球上のすべての個体は平等」であるという意識を持つことは自明となりました。そのような意識を持つことが、個人が、そして人類が進むべき方向となります。このような観点からもう少し深く探っていきます。

a 人間のエネルギーレベル

『パワーか、フォースか―人間のレベルを測る科学』という本があります。著者はデヴィッド・R・ホーキンズです。アメリカ人の精神科医です。彼は人間行動に関する研究を行い、科学として認められているキネシオロジーテストに基づいて、人間の意識から物質に至るまで、この世のすべてのものを様々なレベルを示す数値で的確に測定する方法を提供しています。それらは何万回とテストされ科学的に立証されたデータから生まれたものです。

そこでは態度、思考、気持ち、状況、関係性といった異なるエネルギーのパワーが比較可能なエネルギー指数として表されています。エネルギーレベルを下から記します。

＊キネシオロジーとは、刺激に対する「筋肉反射テスト」に基づいた確立している科学として認められたものです。

＊数字は十進法ではなく対数となります。例えば、レベル３００は１５０の2倍ではなく、10の３０００乗となります。

「恥」20、「罪悪感」30、「無感動」50、「深い悲しみ」75、恐怖１００、「欲望」１２５、「怒り」１５０、「プライド」１７５

「勇気」２００、「中立」２５０、「意欲」３１０、「受容」３５０、「理性」４００

「愛」５００、５４０、「喜び」５４０、「平和」６００、「悟り」７００~１０００

意識のスケールにおける重要な反応ポイントはレベル２００で測定されます。レベル２００

とは「勇気」に関係するレベルです。このレベルは生きることに対してポジティブか、それともネガティブな影響を与えるかの識別ができる臨界点になります。２００レベルで様々な能力が生まれます。因みに、現在の人間の意識の総合的なレベルは平均２０７です。

レベル５００「愛」は大きな意識の飛躍が見られる臨界点です。６００では、人類のためになることや、エンライトメント（悟り）が第一目標となります。７００〜１０００は、人類すべての救済に人生を捧げます。

b〈愛〉について

「愛とは何か?」と問われても容易には答えられるものではありません。様々な意見が出てくることでしょう。

本書では、「愛」として相応しい考え方を前掲書より引用します。

「愛」を発するのは、理性からでも頭からでもありません。愛はハートから発します。その動機の純粋さゆえに他の人たちのエネルギーも引き上げるなど、「愛」はかなり大きなパワーを持っています。

このレベルに達すると、物事の本質を識別する能力が優れてきます。問題の真髄がフォーカスの中心となります。理性を使わずとも、問題の全体性を瞬時に認識する能力が生まれます。

それに加えて、特に時間とプロセスに対してのとらえ方がそれ以下のレベルよりも大きく拡大します。理性は細部だけを扱いますが、「愛」は全体を扱います。この能力は、よく直感に関係しているとみなされています。［中略］「愛」は立場にとらわれないし、区別をしないので、その結果グローバルに広がります。どんなバリアもそこにはもはや存在しないので、「他とひとつになる」ことが可能です。したがって「愛」は包括的であり、自己に対する意識が徐々に拡大していきます。

この「愛」には、「物事の本質を識別」、「瞬時に全体を認識」、「直観」といった能力、「平等」、「ワンネス」、「自己に対する意識の拡大」といった意識があります。「愛」は「包括的」なのです。この「愛」の意味は洗練されており、本質的なものを指摘しています。

しかし、この「愛」は一般人には理解しにくいし、理解できたとしても簡単に到達できるレベルではないと感じることでしょう。つまり、俗世間に生きる多くの人にとっては「絵に描いた餅」のように感じられてしまうのです。よって、「私が愛の境地に到達するなんて無理無理！」とか、「厳しい修行をした人しか愛の境地には行けっこない！」といった諦めが顔を出すようになってしまうのです。したがって、私はこの「愛」について、一般の人でも現実のものとして感じられるよう補足していきます。

私たちは穏やかな日々を送りたいと望みますが、怒り、憎しみ、嫉妬、欲などに駆られることもあるでしょう。しかしこれらの感情は人間として持っている自然な感情であり、不条理な状況に置かれれば必然的に増幅する感情です。

問題はこの後です。人はこれらのネガティブな感情を繰り返せば繰り返すほど、それらが増幅し強化されていきます。よって、いつまでもこのようなネガティブな感情にとらわれていると自分を害してしまうのは明らかです。自分で自分を攻撃している状態です。損をするのは紛れもなく自分なのです。

まず、（前章で記したように）これらの気持ちを客観化し、認め、吐き出してください。そして「魔法のことば」を唱えてください。相手が（時には自分が、時には動物が、時には物が）許せなくても繰り返してください。これは自分のためにするのです。次第に、相手ばかりかすべてを許せるような気持ちになってくるのではないでしょうか。「あ〜、あの人も大変だったんだな」、「あの人も苦労したしな〜」、「そ〜言えば、あのとき、あの人私を助けてくれたっけ」、「私も頑張ってきたな〜」などといった「穏やかな優しい」言葉が脳裏をかすめることでしょう。時には涙も出るかもしれません。

もっとも、前述しましたが、親しくするということを求めているのではありません。親しくしたいと思えばそれでいいし、違和感があるのならばそれでいいのです。ただ、相手の存在や言葉を無色透明にして、すべてを手放すのです。いずれにせよ、あなたが楽になるのです。あなたが楽に生きられるのです。「昨日の敵は今日の友」とはよく言ったものです。そもそも人間の気持ちなど移ろいやすく当てにならないものなのです。

この「穏やかな優しい」気持ちにはもはや「バリア」は存在せず、自と他の区別は曖昧になっています。あなたは「幸せホルモン」で満ちています。これが「ワンネス」や「自己の意識の拡大」といった「愛」の「包括性」に至る〈道〉であると考えます。

ここで何かをマスターする段階を思い出してください。例えば自転車です。最初は、自転車に乗ったもののフラフラしてとても前には進めません。しかし諦めずに何度も何度も挑戦していくと、いつの間にか乗れるようになります。

私は「愛」についても同じようなことではないかと考えます。私も偉そうなことは言えません。日々些細なことで心が乱れます。その都度、「魔法のことば」を繰り返し唱え、「許して感謝する」ことを心がけています。繰り返すことにより、次第に「愛」の「能力」や「意識」が深められ、自己の本質と一致していき、「愛」の境地に到達できるのではないかと考えています。

このように「愛」とは「絵に描いた餅」ではなく、ネガティブな感情にとらわれてしまう俗人である私たちだからこそ〈到達〉できる境地であると考えます。もっとも〈到達〉といっても、富士山の頂上を目指すということではありませんので、確固たる「到達点」があるわけではありません。「愛」の境地に向かい、自分が〈到達〉したと思えばそれでいいのです。そこには「揺らぎ」があっていいのです。私たちは人間であって神様ではありませんから、完璧な

どないのです。

完璧な愛とは色のなかの完璧な白のようなものだ。多くのひとは白とは色がないことだと考えているが、そうではない。あらゆる色を含んでいるのが白だ。白は存在するあらゆる色が合体したものだ。だから、愛とは感情―憎しみ、怒り、情欲、嫉妬、羨望など―がないことではなく、あらゆる感情の総和だ。あらゆるものの集合、すべてである。

だから、魂が完璧な愛を経験するには、「人間のあらゆる感情」を経験しなければならない。

（ニール・ドナルド・ウォルシュ著　吉田利子訳『神との対話』）

以下、ここまでで総括した意味を〈愛〉として表記します。

課題に戻ります。

我々人類が、そして個人が本来的に進むべき方向の根底に〈愛〉を流しましょう。〈愛〉を持って進めば誤った方向に行くはずがありません。〈愛〉は心の持ち方次第なのです。自分次第で無限に創造することができます。

(2) ②について

「彼ら（恐竜やカバ）は自らの意志によってその能力を獲得したと考えることは妥当である。各個体の意志により、たゆまぬ努力により獲得した進化である。進化は全ての個体が他者により作られる環境の中で自らを適合させる過程で起こる」と山田廣成氏は「進化」ついて述べています。

〈進化〉するためには、〈愛〉を根底に、人類にとっては、人間社会において共鳴現象を創り出し、そして個人にとっては、すべての構成要素を意志統一させ共鳴させた状態、すなわち「決断」し「行動」し、「現実化」に向け、全身全霊で努力をし、〈ポジティブ〉になって〈前進する〉こと以外にはあり得ないのです。

第三節 「課題3」について

「この世の〈ありとあらゆるもの〉は、すべて〈人間の意識〉（心）が創り出している〈想念の世界の産物〉であるから、〈人間の祈り〉（想念、心）によって〈現実を創造〉すれば、〈願望〉を実現することができる」と岸根卓郎氏は述べています。

1 【課題3】

① 〈祈り〉によって〈願望〉が実現しますが、祈り方に方法があるのでしょうか。
② ①についての注意点があるとすれば何なのでしょうか。
③ どのような祈り方が効果的なのでしょうか。
④ 〈祈り〉によって〈願望〉が実現しますが、すべての〈願望〉が実現するわけではありません。それはどうしてでしょうか。

(1) ①について

『祈りの法則』という本があります。著者はグレッグ・ブレーデンです。彼はニューヨークタイムズのベストセラー作家で、科学とスピリチュアリティーを融合させた先駆者です。彼は、高次元の神秘的な存在を頼る「祈り」の他に、「失われた祈り」があると言っています。それはもっぱら感情に基づいた「祈り」です。

この「祈り」は、チベットの僧侶やニューメキシコの先住民などにより行われており、「言葉もなく、手をある位置に置くこともなく、外見の肉体的表現も何もなく、まるで祈りがすでに聞き届けられたかのように、明快で力強い感情をただ感じる」といった形式になります。先住民のデビッドの「雨乞いの祈り」の例があります。彼は石のサークルに入り、静かに

「祈り」の姿勢になりましたが、特別なことをすることもなく短時間で終えてしまいました。彼の「祈り」とは、いかなるものなのでしょうか。

以下、簡単に会話形式で記します（Gはグレッグ、Dはデビッドです）。

G「雨のために祈るのだと思っていたのに」

D「違うよ。雨を祈ると言ったんだよ。もし、雨のために祈れば、決して雨が降ることはないからね」

「これらのことのために祈り続けると、自分が変えたいことに対して、もっと力を与えてしまうことになるだけなんだよ」

G「もし雨のために祈らなかったのなら、何をしたことになるの」

D「簡単なことだよ。雨はどのように感じるのかという感情を持ち始めたのさ。身体に雨の感覚を感じて、村の広場のぬかるみに裸足で立つと、どんな感じがするのかを感じたんだ。そこには雨がいっぱい降ったからね」

「感謝をしながら、すべての可能性を尊重し、自分が選んだものを具現化するんだ」

「失われた祈り」とは、私たちが思っているような神秘的な存在に対する懇願ではありません。感謝をしながら、ただもうすでに起こってしまったかのように生き生きと五感で感じているだけなのです。この「失われた祈り」では「未来は想像から創造する」のです。

(2) ②について

グレッグは「祈り」についてこう記しています。

「感情が祈りです」
「一瞬一瞬が祈りです」
「祈りとは、私たちの『状態』なのです」
「祈りは個人的なものです」
「祈りは神と天使の言葉です」
「人生は祈りです」
「『人生』とは、私たちが感じることや祈ることを、私たちに送り返してくる、神の心なのです」

このような〈祈り〉（以後、「失われた祈り」を〈祈り〉と表記）は、私たちが神社仏閣でする「祈り」とは随分と異なります。岸根卓郎氏も「〈祈り〉とは単なる宗教儀式ではなく、〈人間の願望〉を実現するために必要な〈人間の心のあり方〉の問題である」と述べています。この

〈祈り〉が〈量子論〉の観点からも科学的な裏づけがされる〈祈り〉なのです。シンプルな形だけに、注意を要します。注意点は二つあります。

a　一つ目の注意点について

〈祈り〉と通常の「祈り」の関係です。私たちは「病気が治りますように」とか「結婚できますように」などと願望を神秘的な存在に委ねます。このような通常の「祈り」は、〈祈り〉の観点からすると「不健康の状況」や「未婚の状態」に力を与えてしまっていたことになります。つまり、日々の「感情」や「状態」が送り返されてくるので、例えば「病気が治りますように」や「結婚できますように」の場合で言えば、祈願者の「感情」や「状態」、すなわち「焦り」、「欲」、「ジェラシー」、「貧しさ」、「気弱」等といったネガティブなものが送り返されてしまうということになります。もっとも神経質になる必要はありませんが、あまり強く念を込めて祈願しない方がいいでしょう。強く祈れば祈るほど、さらには日々の生活もそれらに席巻されればされるほど、それらが強調されてしまうことになるからです。

脳の観点からも通常の「祈り」のマイナス面について説明ができます。皆さんが神社仏閣でする「祈り」の形式は（〈祈り〉という面から考えると）、念の入れ方によってはあまり望ましいとは言えないかもしれません。つまり強く念を込めすぎるとストレスにつながるからです。ストレスは毒性のホルモンを分泌してしまうという事実があります。したがって、病気のときに

「健康になりますように！」と強く祈れば祈るほど逆効果になってしまうということになります。

b　二つ目の注意点について

「漠然と思っている思い／願望と前意識の関係」、および「潜在意識からの影響」です。

＊「前意識」とは、「その時は意識していないが思い出そうと思えば思い出すことのできる心の領域。意識と無意識の中間にある」（『スーパー大辞林３・０』）

＊「潜在意識」とは、「自覚されることなく、行動や考え方に影響を与える意識。心の奥深い層にひそんだ意識」（『スーパー大辞林３・０』）

(a)「漠然たる思い／願望と前意識の関係」について

今から数ヶ月前に起きた三つの私事についてお話しします。

ア　私にはあるローカルテレビのアナウンサーでお気に入りの方がいます。現時点でのファン歴は一・二ヶ月と短いですが、その方の番組を見る度に、楽しい方だなと思っていました。あるとき、私は一泊で箱根に旅行に行きました。その前日に偶然、その方が全国ネットに出ていらっしゃいました。箱根の帰りに「三島スカイウォーク」という所に行き、吊り橋を渡っていたら、何と正面からそのアナウンサーがテレビクルーと一緒にいらっしゃるではありませんか！　私はすれ違いざまに思わずその方の名前を呼んでしまいました。すると立ち止まり快く握手をしてくださいました。

イ　私はある大学のある校舎に一週間に一回行っていました。（他は問題ないのですが）なぜかそこの校舎のトイレだけが黒ずんで汚れていました。その大学の名誉のために言っておきますが、もちろんその大学の清掃は行き届いています。

「これは不衛生だな」と思っていたら、偶然清掃係の人と会いました。聞いてみたところ、黒ずみはその方の管轄ではないということで断られました。

それでは「知っている事務の人に伝えよう」と思っていたある日の授業後、その事務の方が突然教室に入っていらっしゃいました。私への用事ではなく教室の用事でいらっしゃったとのことでした。まさに「渡りに船」でした。私は事情を伝えたところ、あっという間に事が進み、問題が片づいてしまいました。

ウ　母が入院したので、叔母に母の近況の報告をしようと思っていた矢先、偶然、近所のスーパーで叔母に出会いました。

以上の共通点は以下の通りです。

・不定期的に何度か意識した

・そうなってほしいという気持ちはあったが、切実ではなかった
・日常生活に関わっていた
・内部対話とイメージが共存していた
・比較的短期間で現実化した
・〈祈り〉という意識はなかった

以上を総括すると「前意識にある思い／願望」と言っていいでしょう。つまり「漠然と思っている思い／願望」は「前意識」にあると考えられ、身近で比較的単純なことは思っているだけで現実化する可能性があるということです。

その理由は、〈祈り〉とは「感情」であり「心のあり方」だからです。よって、「前意識」にネガティブな思いがある場合には、それが現実化する可能性がありますので注意を要します。

また言葉にはパワーがありますので、「前意識にある思い／願望」を口にしたり書いたりすると、さらに現実化する可能性は高くなると考えます。

このように〈祈り〉が現実化することにより、私たちは「この世」と「心の世界」が時空を超えて潜在的につながっているということを知ることができるのです。

(b)「潜在意識」からの影響

全く想定外のことが起きることがあります。まさに「一寸先は闇」なのです。その一つの考え方として、「潜在意識に埋め込まれていたから」ということも否定はできません。「私たちの行動のうち、自意識が関わっているのはたった五％しかなく、残りの九五％の意思決定、行動、感情、振る舞いは、モニターされてない潜在意識からのものだという結論が出されている」そうです（ブルース・リプトン著『思考のパワー——意識の力が細胞を変え、宇宙を変える』）。

〈祈り〉の観点からすると、「感情」や「日常の心のあり方」が問題となります。ということは、それらに影響を与える潜在意識を攻略する必要があります。

私は、「潜在意識」を変えるのはそれほど難しくないのではないかと思っています。もちろん個人差はあります。ここで潜在意識を書き換える方法を簡潔に記します。

「潜在意識」を探るには、時折フッともたげてくる映像や言葉や感情、さらには後悔などをヒントにするしかありません。その際、ネガティブなものは前章で示した方法で「アンインストール」してください。浮上する度に行ってください。

次に、自分が「こうありたい」とか「こうなりたい」という具体的なイメージを思い浮かべ、それを言葉にして唱えてください。

一例として、「美しくなりたい」と思っているならば、（最初は戸惑いを感じる場合もあるかもしれませんが）次の「ことば」を楽しんで唱えてください。もちろんアレンジは可能です。大事なことはそうなることを疑わないことです。言葉にはパワーがあることを思い出しましょう。

「うわっ！　私ってなんてきれいなの！　なんて美しいの！」

「私って本当にすばらしい！」

「私ってステキ！」

「私は成幸している！」

「私は（宇宙に）守られている！　ありがとうございます！」

毎日毎日、とにかくイメージしながら生き生きと言ってください。信じ込むことにより次第に潜在意識に組み込まれていきますし、さらに潜在意識もそうなるようなことを探しにいきます。くれぐれも念を込めすぎないようにしてください。〈ワクワク〉していることが大事です。

(3)　③について

私たち日本人にとって「祈り」は生活の一部になっていますので、神社仏閣に行って「祈り」たいという人は沢山いることでしょう。一般的な「祈り」をする場合は、その内容を〈愛〉で満たしてください。つまり、すべてに対して「許す」気持ちを持ちつつ、今日の自分の状況や状態に対して「感謝」を捧げるのです。そしてその流れにおいて自分の「願望」の必要性を伝えるということが大事です。

「祈り」を〈愛〉で満たす理由の一つは、そこの「神様」や〈宇宙〉からの応援が得やすくなるからです。つまり〈宇宙〉は〈愛〉なので、波長が合って通じやすくなるということです。なぜ〈宇宙〉が〈愛〉かというと、山田廣成氏も述べていたように「他者を抹殺することは己を抹殺することであり、全ての個体が平等」、言い換えれば、そもそも宇宙の始まりは一つであり、そこからすべてのものが生じています。つまり一つ（＝ワンネス）だからです。

二つ目の理由は、〈祈り〉の内容を〈愛〉で満たせば、〈愛〉に力を与え反映されますので、良い形で現実化しやすくなります。

三つ目の理由は、脳の観点からも〈愛〉の〈祈り〉の重要性は説明できます。人は何か人のためにいいことをするとすがすがしい充実した気持ちになります。その際、脳から「β-エンドルフィン」という「モルヒネ」に似た物質が分泌され、鎮痛効果や高揚感や幸福感などを得ることができます（詳細は後述します）。

このように、人は本来、「すべての存在」に対して〈愛〉や「感謝」を感じるように創られているのです。それが人間本来のあり方なのです。

(4) ④について

岸根卓郎氏も述べていますが、〈願望〉のすべてが現実化するわけではありません。以下に、岸根卓郎氏と異なった観点からお伝えします。

〈願望〉といっても様々です。大別すると、以下のようになります。

a「前意識にある思い／願望」→例えば、〈何となく〉「～さんに会いたいな～」と漠然と思っている等

b「比較的叶いやすい願望」→例えば、「3ヶ月で3キロやせる」、「身の丈に合ったマイホームを建てる」等

c「高いハードルがある願望」→例えば、「オリンピックで金メダルを取る」、「ハリウッドスターになる」等

aとbについては述べましたが、cについては、「理にかなった努力」や〈ポジティブ思考〉の他に、「運」、「天賦の才能」、「人間関係」、「環境」などにも恵まれる必要があります。その上で、〈愛〉を持って、さらには電子レベルで言えば、「全ての構成要素が意志統一をした共鳴した状態」で突き進みます。ただ、それでも成就できるとは限りません。

「高いハードルがある願望」は言わば「茨の道」です。なぜあえて「茨の道」を選ぶのでしょうか。その理由は、それがあなたの人生にとって必要なことだからなのです。「全身全霊」で努力したことにより身につけたものは、あなたの人生にとって必要不可欠な要素となるのです。

「願望」が叶わなかったとしても、この世の終わりではありません。むしろそこからです。「こんなことぐらいで負けないぞっ！」と「ど根性」を発揮して、そこから這い上がるのです。それが〈進化〉なのです。

その〈進化〉は、あなたの「今生の目的」を達成するために必要不可欠な要素となるのです。つまり、あなたが「今生」で果たす「目的」はそこ（例えば金メダル）ではなく、他の「目的」を設定してきているかもしれないのです。自分で「目的」だと思っているものは、単にプロセスに過ぎない場合があります。それでいいのです。何事も〈ポジティブ〉になって全力で努力し続け、〈進化〉していくことが「今生の目的」を叶えるためには必要なことなのです。

第四節　「課題4」について

「ド・ブロイのいう四次元時空を構成する〈事象のアンサンブル〉が、私がいう〈宇宙の意思〉（神の心）としての〈宿命〉（天命）であり、そのような〈宿命〉は私たちが知る以前に時間が停止している四次元世界の〈心の世界のあの世〉では過去・現在・未来の区別なしに一括して存在しており、それが時間が経過する三次元世界の〈物の世界のこの世〉に住む私たちにとっては、〈時間の経過〉とともに〈運命〉（宿命としての命が時間とともに時系列順に運ばれてきたもの）として現れてくる」と岸根卓郎氏は述べています。

1 「課題4」

① 四次元世界の〈宿命〉〈天命〉は〈運命〉として三次元世界へと時系列順に運ばれてきますが、最高最善の「現在」「未来」「過去」を手中にするためにはどうすればいいのでしょうか。

(1) ①について

「あの世（ミクロの世界）での多様な確率的な可能性の〈宿命〉が、〈波束の収縮〉によって、この世（マクロの世界）での唯一の現象（実在）として顕現したのが〈運命〉であると考えるから、〈祈り〉によって、あの世での〈宿命〉を、この世で〈波束の収縮〉によって変えれば、この世での〈運命〉も変えることができるので、〈祈り〉によって〈願い〉〈運命〉を叶えることができる（実現できる）」と岸根卓郎氏は述べています。

以上から、最高最善の「未来」を実現させたいならば、〈祈り〉、すなわち、今「現在」の「心のあり方」を最高最善にすればいいということになります。そうすればそれが〈心の世界のあの世〉へとつながり、時系列順に最高最善の〈運命〉が運ばれてくることになります。「自業自得」や「因果応報」といった言葉は〈量子論〉の観点からも真実なのです。

「今」を最高最善にすれば、最高最善の「未来」が時間差で運ばれてきますが、同時に「過去」も最高最善になるのではないでしょうか。

時間が停止している〈心の世界のあの世〉では過去、現在、未来が区別なしに一括して存在しています。よって、「今」を最高最善にすれば未来のみならず、過去も最高最善になると考えられます。考えるに、「今」が最高最善になれば、過去の不幸な出来事や辛い思いなんて、もうどうでもよくなってしまいませんか。逆に、「今」が最高最善であるならば、過去のすべてに対して感謝ができるというものです。

電子の観点から見ると、「〈電子〉が〈心〉を持っているからこそ、〈人間〉の〈心〉は〈電子〉の〈未来〉に対してはもちろんのこと、〈電子〉の〈過去〉に対しても〈影響を与えること〉ができます。それは「電子は（…）空間的には宇宙全体へ、時間的には何十億もの過去や未来へと広がるような非局所性を持っている」からです。

第五節　「課題5」について

「人間の脳には、大きく分けて〈左脳による論理的思考〉と〈右脳による直覚〉（閃き）の両方の機能がある。このうちの〈左脳の論理的思考〉は、〈見えるこの世の問題〉の処理に適した脳であるが、問題を処理するのに〈直列的〉かつ〈逐次的〉にしか対処できないので、〈非常に時間がかかる〉のに対し、〈右脳の直覚〉（閃き）は〈見えないあの世の問題〉を処理するのに適した脳であり、問題を処理するのに〈並列的〉かつ〈瞬間的〉に対応できるから〈時間がかからない〉ので、〈見えないあの世の問題の処理〉にあたり、〈右脳の閃き〉は〈左脳の論理〉を〈時空的に遥かに超える〉ことができる」

「もしも、そのような四次元世界の〈心の世界のあの世〉を、三次元世界の〈物の世界のこの世〉に住む私たちが〈瞑想〉か何かの方法によって、〈次元を超えて見渡す〉（統合する）ことさえできれば、私たちは各自の〈永遠の現在〉としての〈宿命〉を〈一瞬にして一望〉（知る）ことができるし、その〈宿命〉が〈時間の経過〉とともに三次元世界のこの世に運ばれてくる〈運命〉についても、それを時系列順に知ることができる」と岸根卓郎氏は述べています。

私たちは〈宿命〉を一望することができるならば、安心して「現在」を選択することができます。そうするためには「右脳」と「瞑想」が手段となります。

1 「課題5」

① 一般人が「右脳」や「瞑想」を通して〈宿命〉を一望するなどということができるのでしょうか。

② ①ができるとすれば、具体的にどのようにすればいいのでしょうか。

(1) ①について

a 右脳の場合

天才作曲家のモーツァルトの曲は一瞬のうちにできあがり、それを楽譜にしていたそうです。ビートルズのジョン・レノンは歌が降りてきたそうです。人は彼らを「閃きの天才」といった言葉で称えることでしょう。

しかし私たち一般人はモーツァルトやジョン・レノンでもありませんので、彼らのような離れ業は難しいと言わざるを得ません。ましてや私たちが「〈宿命〉を一望する」などということは言うまでもないでしょう。しかし「未来を垣間見る」ことはできるかもしれません。その鍵となるものは右脳です。モーツァルトもジョン・レノンも右脳を使っていたと考えられます。

b 瞑想の場合

そもそも「瞑想」とは何かというと、綿本彰著『Ｙｏｇａではじめる瞑想入門』には「心を何もない空っぽの状態にするトレーニング法。疲れた心が『リセット』されることで、日常のしがらみから解放された自由で安らかな感覚を体験できます」と記されています。要するに「無念無想」を目指すことになります。

「無念無想」を目指すといっても容易にできるものではありません。比較的実行しやすく効果があると感じられるのが「マインドフルネス瞑想法」です。「マインドフルネストレス低減法」のプログラムの開発者であるジョン・カバットジンによれば、瞑想とは「〝意識的に現在を生きる〟ためのものです。瞑想とは、どこか別の世界に行くのではなく、自分がすでにいるこの場所で、この瞬間を精いっぱい生きること」になります（ジョン・カバットジン著『マインドフルネストレス低減法』）。この瞑想法については主に「右脳」の項で説明します。

私も「瞑想」をしていますが、「無念無想」を目指すというよりは、情報を得るため、および意識の拡大を目指すものです。もっとも最近は「マインドフルネス瞑想法」もしています。それらに慣れてくれば、「未来を垣間見る」ことができるようになる可能性はあると思います。

(2) ②について

以下に、私が実際に「未来を垣間見た」数例をお話しします。

a 未来を垣間見た実例について

(a) 正夢の例（「前意識」の状態にある場合）

ア ある重要な試験を受ける前日の起きがけに、ある英単語が二つ浮かびました。実際、その二つの単語が試験に出ました。

イ　英語のレポートを書いていました。提出する日の朝、起き上がる直前に、間違っている箇所が急に頭に浮かびました。そして事なきを得て提出をしました。

ウ　日本大学のアメリカンフットボールの選手が危険タックルをするという事件がありました。私は目覚める寸前に、私の友人が背後からすごいスピードでタックルをされ倒れてしまい、友人に駆け寄るという夢を見ていました。「何だろう、この夢は……」と思って目が覚めました。日中テレビを見ていたら、まさにその映像が流れました。

(b) 近い未来が読めた例

ア　私は歯医者さんに半年ほどお世話になっていました。ある日突然、「あっ、先生はおやめになる」と思いました。その後、先生は「来月いっぱいでやめます」とおっしゃったのです。私は「はい、わかっていました」と伝えたところ、「えっ、誰かに聞いたの?」と、とても驚かれていました。もちろん誰にも聞いていません。

イ　雨の日、大通りを運転していました。するとなぜか突然、前の車が急に車線変更をして私の目の前に現れる画像が見えました。「えっ?!」と思った瞬間、その通りになり、私は急ブレーキを踏みました。その車は車線変更の際、何も見ていなかったのです。クラクションを鳴らしたら、猛スピードで逃げていきました。

ウ　バイパスを運転していたとき、急に「何か飛んできたらどうしよう」という言葉が脳裏をかすめました。すると、枝の切れ端のようなものがフロンドガラスを直撃しました。

このように「未来を垣間見る」ことはできます。皆さんも何らかの経験はあるでしょう。問題は意図的かつ頻繁に見ることができるかどうかということです。

b 右脳の活用法について

具体的に右脳を活性化する方法について述べますが、その前に脳とその働きについて知る必要がありますので、簡単に記します。

(a) 脳のしくみを知る

1990年代に、春山茂雄の『脳内革命』が出版され、話題になりました。その後、『脳内革命2』も出版されました。春山茂雄は医学博士として西洋医学と東洋医学を融合した治療・健康指導で高い評価を得ています。

ア 左脳と右脳について

春山茂雄は、左脳は「自分脳」であり、「言語を操り、何かと損得を計算し、喜怒哀楽をも包み込んで」おり、左脳中心の生き方は「社会的成功には導いてくれるが、体を早く老化させ、ガンや成人病への道をつけてしまう」と言及しています。

右脳については、「創造性や感性、直感力……図形認識などの機能」は確かに認められるが、さらに右脳には、「過去の人類が蓄積してきた知恵が、遺伝子情報としてストックされている」という「先祖脳」としての重要な役割があるとし、右脳を使う生き方をすれば、人間はどんなつらい状況でも前向きに生きられる」と述べています。

右脳と左脳を比較すると、「右脳のもつ潜在パワーは左脳の十万倍と推定」でき、「左脳中心で生きることは、自分のもつ能力の一％も使わない、もったいない生き方なのです。」

イ「脳内モルヒネ」について

春山茂雄は、人間に快感をもたらすホルモンを総称して「脳内モルヒネ」と呼んでいます。その中でも「最強の快楽ホルモンはβ-エンドルフィンで、その効力は麻薬のモルヒネの五、六倍は楽にある」と述べています。「脳内モルヒネ」に関係しているのは圧倒的に右脳です。

物事をネガティブに捉えてしまうと「β-エンドルフィン」は分泌されず、「物事をすべてよいほうへと考え、プラス発想すれば、β-エンドルフィンが分泌され、よい気分になれます。」もちろん脳波はα波になり、「人間精神のすべての営みを好循環」にもっていくことができます。

右脳には潜在パワーがあり、活性化させると「β-エンドルフィン」が分泌され、「人間精神のすべての営みを好循環」にもっていくことができることがわかりました。具体的に右脳を活性化させる方法を考えてみましょう。

以下は私が実践している方法です。すべて簡単に実践していただけるものです。

(b) 右脳を活性化する方法について

ア 〈ワクワク〉することをする

私事ですが、私は旅行が好きです。時間を作っては行くようにしています。そして旅先で行きたい所に行き食べたいものを食べ、思いっきり楽しみます。

しかしそう頻繁に旅行に行くことはできません。よってテレビなどの旅番組とか電車や路線バスの旅をよく見ます。そして自分が行った気になって楽しみます。「あんな所に行ってみたいな～」、「えっ、あんな所があるんだ！」、「あの食事おいしそ～」などと五感を働かせて〈ワクワク〉して見ています。

このように私は〈ワクワク〉を楽しんでいますが、別に右脳を働かせようと思ってやっていたわけではありません。ただ好きなのです。楽しいのです。しかし今思い返してみると、その臨場感は右脳を活性化させていたことがわかります。

人によって〈ワクワク〉することは違います。極力〈ワクワク〉することをしてください。さらには、何か毎日簡単に〈ワクワク〉するイメージを膨らませてください。その中で思いっきり楽しんでください。こんな子どもじみたことと一笑に付さないでください。考えたことは脳の中で確実に物質化されているのです。これは脳の観点からも経験からも本当に大切なことです。ぜひ実行してみてください。

イ　呼吸を意識する

多くの人の日常生活はあわただしく過ぎ去っていることでしょう。しかしどんなに忙しくても誰でもできることがあります。それはただ自分が心地良いテンポで「ゆっくり呼吸する」ことです。呼吸を1、2、3などと数を数えながらする呼吸法がありますが、それはストレスを生じやすいので、何か特殊な理由がないかぎりあまりお勧めしません。

前述したように、「マインドフルネス瞑想法」があります。この瞑想法について簡単に説明します。

しばらくの間、自分の心の動きを観察してみてください。すると、これといって意識もしていないのに次から次へと過去や未来の出来事や感情などがあれやこれや行き来しませんでしたか。それが無意識に支配されている状態です。カバットジンは「慢性的に無意識の状態で暮らしていると、人生で最も美しいもの、最も意味のあるものを失っていきます。……無意識の状態が進むと、遅かれ早かれ致命的な結果をまねくようになっていくのです」(『マインドフルネスストレス低減法』)と述べています。

無意識に支配されないためには「〝今〟という瞬間に完全に注意を集中」し、「自分の存在を実感」することが大切なのです。

まず手始めに、「自分を取り戻す」簡単な方法として「三分間呼吸法」がありますので紹介します。すぐにできますのでぜひ試してみてください。

(ア) 座ったまま目を閉じて、力を入れずに背筋を真っ直ぐに伸ばす。

(イ) 呼吸に意識を集中する。呼吸のリズムは自然にまかせ、呼吸を客観的に観察しながら呼吸をする。

(ウ) 以上を三分間続ける。

そもそも「マインドフルネス瞑想法」を取り上げた理由は、「自分」を取り戻し冷静になれるということもありますが、本項では、「今」に意識を働かせることにより右脳が活性化するという点に注目します。「今」は右脳で、「未来」や「過去」は左脳です。呼吸を意識するだけで、左脳が静まり右脳が活性化し幸福感が出てきます。慣れてくれば、食事、会話、散歩、運転、掃除などのそれぞれの「今」を意識してみてください。

「直感」や「閃き」はパッと瞬時にやってきます。よって、それを捉えるためには「心を静かに保つ」必要があります。そうでなければなかなか捉えることはできません。わかりやすい例で言うと、雑踏の中では携帯の着信音を聞き逃しますが、静かなところではクリアにキャッチできます。それと同じです。

ウ〈ポジティブ思考〉について

脳の観点から、〈ポジティブ思考〉の利点を確認すると、人間が考えたことは脳では物質化され、それが実際に体に影響を与えるという事実があります。

人間はマイナス発想をしていいことは何一つないのです。楽しく健康で長寿を目指すのであれば、極力ノルアドレナリンやアドレナリンを分泌することなく、α波を出したり、β-エンドルフィン等の「脳内モルヒネ」を分泌したりする必要があります。そのためには〈ポジティブ思考〉が必須となるのです。

それは左脳中心の脳の使い方から右脳中心に改めるということになります。そうすれば左脳の十万倍の情報を蓄積している右脳から情報を引き出すことができます。左脳中心で生きることは、自分の持つ能力の一％しか使っていないことになります。

＊α波と「脳内モルヒネ」の関係は一体の関係にありますが、「鶏と卵の関係」になります。

＊α波が出せるということは、β-エンドルフィンなどの快感物質を分泌できるということになります。

エ　五感の活用

右脳を活性化させるためには、思考したり感情移入したりする行為はあまり望ましくありません。左脳が働くからです。したがって、そのものを純粋に受け入れるというものがお勧めということになります。

またα波の状態になるためには、自分が気持ちよくなることも忘れてはならないでしょう。

以上を五感という観点から考えてみます。

●視覚

美しい景色、木々の緑、空や海の色といった自然を楽しみましょう。

美術館に足を運び、絵画なども楽しみましょう。

水墨画や山水画などのモノトーンの色調も落ち着けることでしょう。

●聴覚

波の音、風の音、虫の音、小川のせせらぎ、鳥のさえずり、カエルの鳴き声、木々のさざめきなどの自然の音は心地良いものです。

お寺の鐘の音、お経、お鈴なども癒しの効果が期待できます。

クラシック、バロック、ヒーリングミュージック、ジャズはお勧めです。

熟練したプレイヤーが奏でる楽器の音色は味わい深いものがあり、安らぎの世界へと誘ってくれることでしょう。

●嗅覚

心地良い香りに包まれてください。花の香り、草木の香り、柑橘類の香り、雨のにおいなどは落ち着きます。時には赤ちゃんのにおいなども愛おしいものです。

手短なものでしたら、エッセンシャルオイルやお香などがお勧めです。香りは嗅覚刺激としてその情報が嗅細胞から脳へと送られます。よって、香りは思っているより脳に影響を与えています。香りが心地良いと感じたならばα波状態になるばかりか、恒常性を維持することにも役立ちます。

●味覚
体にいい食べ物を感謝しながら、よく味わって食べましょう。食品添加物等が極力ない自然の味を楽しみましょう。

良質の植物性タンパク質を摂りましょう。タンパク質は「脳内モルヒネ」の材料になります。「脳内モルヒネ」は物質ですから当然物質から作られます。

ゆっくりと体にいい食品を味わって食べることは過食を防ぎますし、胃腸の負担も軽減します。過食は活性酸素の発生源になります。

●触覚
自分が触れて気持ち良いと思う物、例えば、フワトロのクッションやペットの体毛などを触り、ゆっくりとその質感や温度を楽しみましょう。アニマルセラピーが提唱されるのも頷けます。

身体に心地良い衣類等を身につけましょう。(特に女性ですが)極端に身体を締め付ける衣類等を身につけてしまうと、血流やリンパの流れを妨げてしまいますし、何よりもリラックスできません。

(c)「未来を垣間見る」方法について

「未来を垣間見る」といったような場合、右脳ばかりでは必要な情報を得ることはできません。右脳から必要な情報を下すには、左脳とのバランスが大事になります。つまり左脳は経験して得た情報や知識になりますので、まず左脳に下ろしたい必要な情報を充分にインプットしておく必要があります。

一例として、「現在失業中で今後の見通しが全く立たない」場合、次のような公私にわたる情報をインプットしておいてください。「能力」、「職歴」、「金銭状況」、「健康状態」、「性格」、「幼少期の性格」、「家庭環境」、「希望」、「人間関係」等です。

左脳が静かになり、α波が出たりβ-エンドルフィンが分泌されたりしているようなときに、パッと情報が来る場合があります。この間焦らないでください。

もしそれでも情報を得ることができなかったら、次の方法を試してみてください。

左脳に情報を充分インプットし、右脳が活性化する習慣をつけておいてください。何となく浮かぶ言葉や映像がありませんか。それをキーワードとしてパソコンに打ち込んでください。そして一番上、もしくは直感でいいと思うサイトを開いてみてください。そこには何らかのヒントがあります。この方法により手っ取り早く情報を的確に得ることができます。

行動することは大事ですが、焦りは禁物です。焦ると毒性のホルモンが分泌されますし、人にはそれぞれ相応しい時期というものがありますので、やることをやったらあとは流れに身をまかせるということも必要です。

ｃ　瞑想法について

私が日頃している瞑想についてお伝えします。三つの方法があります。

(a) 効果のある瞑想法について

ア「マインドフルネス瞑想法」について

一つ目は、「マインドフルネス瞑想法」です。これについては前述した通りです。

イ「前意識」から情報を取る

二つ目は、意図的に「前意識」の状態を創り出し、情報を取ります。

(ア) 床でも椅子でもいいのでゆったりと座り、全身の力を抜き、目を閉じ、脳波を下げる

(イ) ゆっくりとした呼吸を繰り返し、心を落ち着ける

(ウ) 取りたい情報を意識する

(エ) 取りたい情報は一旦腹に置き、頭を空白にして、情報が下りてくるのを待つ

ウ〈イメージング〉について

三つ目の方法は〈イメージング〉です。その意味は「プラス発想で思いたいように思い描くこと」です。哲学者の三木清は「想像力は魔術的なもの」と述べています（三木清著『人生論

ノート』)。

〈イメージング〉の効果は人によります。第Ⅲ部第一章で「腕が下がる実験」をしましたが、腕の高さに差が出る人ほど〈イメージング〉の効果があることになります。よって、「私はすばらしい！」、「私は何でもできる！」、「私は幸せ〜！」などとポジティブに思えば思うほど、その効果は絶大となります。もっともネガティブな思いも作用してしまうことは言うまでもありません。ぜひ、活用してください。

(ア) 床でも椅子でもいいのでゆったりと座り、全身の力を抜き、目を閉じ、脳波を下げる

(イ) ゆっくりとした呼吸を繰り返し、心を落ち着ける

(ウ) こうありたいと思う内容をプラス発想で五感を使って生き生きと描く

＊これというものがない場合には、好きなものを想像してください。

＊〈イメージング〉により脳波がα波になり、「脳内モルヒネ」も分泌されます。春山茂雄は、脳のはたらきをとらえるPETという診断機器を使ってα波の出ている脳を調べると、決まって右脳が活動していると述べています。

(b)「未来を垣間見る」方法について

〈イメージング〉に慣れてきたら、自分がなりたい将来を〈愛〉を抱きながら生き生きと五感を使って思い描いてください。五感が刺激され次々と画面が動いていきますか。その場合には

そうなる可能性があるということです。ただし、何度試みても上手く描けなかったり、集中できなかったり、楽しくなかったり、何となく違和感を覚えるようでしたら、その未来は違うのかもしれません。無理は執着につながります。楽しむことが大事です。

皆さんもお気づきのことでしょうが、〈イメージング〉は〈祈り〉と酷似しています。〈イメージング〉を〈祈り〉と捉えても何の違和感もありません。

要するに、人間は楽しくもっと気楽に想像の世界で遊ぶようにできているのです。「未来は想像から創造する」のです。

第六節　「課題6」について

「万物は、互いの固有の波動（気）によって影響を受ける」と岸根卓郎氏は述べています。

人間対人間であっても人間対物質であっても互いの波動の影響は受けます。当然、共鳴すれば相性が良いということで良い影響を受け、共鳴しなければ相性が悪いということで悪い影響を受けます。

1　「課題6」

① このような事実を踏まえ、「今」を最高最善に生きたいと願う私たちにとって、どのように人、動物、物質などと接していけばいいのでしょうか。

② 波動の観点だけでは、人間の「生き方」として重要なことが欠落してしまいます。重要なこととは果たして何なのでしょうか。

(1) ①について

（前述したように）私たちは波動の中で生きています。あらゆるものの波動の影響を受けることから、自分がいい影響を受けるエネルギーの周波数を有する人や動物や物質などと接することは大事なことです。しかし一番大事なことは、自分がそれらに望ましい影響を与えるエネルギーの波動を出す人になることです。一人一人がそう心がければ、地球の平和にもつながります。そしてその幸せの波動で地球に存在するすべてのものを幸せにし、その輪を広げていくのです。互いの存在を尊重し生かし合うのです。それが地球に住むものの役割なのです。それは波動の中で暮らす私たちにとっては、科学的な根拠に支えられた客観的事実なのです。

(2) ②について

よく「世のため人のため」という言葉が使われます。この言葉はよく考える必要があります。この言葉には様々なことが凝縮されています。

人間である以上、「人を助けたい」、「人のためになりたい」、「社会の役に立つ人になりたい」等々の気持ちは多かれ少なかれ誰にでもあると思います。確かに賞賛に値するこの上ない行為の一つであり、人である以上真剣に考えるべきです。

しかし、「ある人のために尽力したのに裏切られた」、「ある人に大金を貸してあげたのに踏み倒された」、「ある人を助けようとしたがために命を落としてしまった」等々の裏切りや不条理が背中合わせに存在しています。対象が人ではなく組織等となっても同じです。実際、会社のために尽くしても報われず、過労死になってしまった人もいます。要するに、この言葉は矛盾や不条理を孕んでいることに気づく必要があります。この世を生きていくためにはきれい事では済まされないのです。

「愛」は美化されやすい言葉ですが、前述したように〈愛〉は矛盾を孕んでいます。「光と影」、「表と裏」、「プラスとマイナス」等という言葉があるように、「光」があれば必ず「影」ができます。これらは表裏一体の関係で切り離すことができないのです。物事の一面だけ見て美化することは危険です。

問題は、どちらか一方に短絡的に流されるのではなく、その矛盾と向かい合い、両者を融合させた上で何を導き出すかということなのです。

私は皆さんに課題を出します。「え〜っ、課題!?　小学生じゃないんだから、やめてくださいよ！」という声が聞こえてきましたよ。

「自分の人生を生きる」ということと、「世のため人のため」という関係について自分なりに考えてみてください。

「自分の人生を生きる」とは、「自分は何者なのか」ということにもなります。それについて真剣に自分で考えてみてください。もちろん容易に結論など出るはずもありません。それは冷静に自分の〈内部〉、つまり〈魂〉と向き合うことで得られることであって、人に左右されるものではありません。自分で導き出して自分で決めるのです。これは皆さんの今後の人生の方向性を決める大切なテーマになります。

私が言う「自分の人生を生きる」とは以下の意味とします。

一人一人の人間は自分の人生では「主役」であって、人のためにあえて「脇役」になる必要はありません。世間のために「自己犠牲」を強いる必要はありません。私たちは「自分の人生」を「主役」として楽しむべきなのです。幸せな人は決して自己中心的でも傲慢でもわがままでもありません。ただ〈魂〉に忠実なだけなのです。正々堂々と、しかも謙虚さを忘れることなく「人の道」を歩み、幸せになって本来の自分の人生を全うするのです。「今生の目的」を果たすのです。

以上は、決して「自分さえ良ければ人はどうでもいい」という意味ではないことを確認しておきます。

もっともこれだけでは「世のため人のため」との関わりがよくわからないと思います。しかしここではこのような示唆という形で留めることにします。「え〜、もったいぶらないで言ってよ！」と、今言いましたか？　しかしこれは自分の「生き方」に関わる大変に重要な問題なので、ぜひご自分で考えてみてください。

私の具体的な考えはまたいずれかの機会にということで、それまでにご自分の考えを深めておいてください。

最後に「人の道」ということについて述べておきます。

「人の道」とは、「人として生きていく上で守るべき事柄」（『日本国語大辞典』）という意味です。「人の道」と一口には言うものの、なかなか難しいものがあります。

「正直者が馬鹿を見る」ということわざがありますが、「正直」であるということは大切ですが、「馬鹿正直」となると問題です。また「長いものには巻かれろ」や「臭いものに蓋をする」といった対極のことわざがありますが、実際、この世で円滑な人間関係を築き生きていく以上、ある程度の自己防衛も必要です。要するに、矛盾や不条理で溢れているこの世を生きていくためにはきれい事では済まされないということです。

この問題は、哲学や小説のテーマになったりするほどの深淵さを内包していますが、大事なことは、どちらか一方に極端に偏ることなく、「自分にとっての正義とは何か」、「自分は何を是とするのか」等について、謙虚かつ冷静に自分と対話をし、自分で決定し、行動をするのです。その結果、「正直」であったがために不利益を被ることがあるかもしれませんが、それは一時的なのです。長期的に見れば、〈豊かな道〉が開かれていくのです。人生は損得勘定で〈豊かな道〉は開きません。長期的なスパンで見れば、「正直者は徳を積んで得をする」のです。

涙がおさまると彼女は、強い決意の表情を浮かべて私を見た。「いい、ブロニー。死を迎えようとしている私に約束してちょうだい。どんな時も自分に正直でいること、他人に何を言われても自分の望み通りに生きる勇気を失わないことを」

（ブロニー・ウェア著　仁木めぐみ訳『死ぬ瞬間の5つの後悔』）

ほんとうにさとりの境地にある人は、人生のすべての面において満たされているものです。それは「素」の自分でいることであり、対極のない「善」を自分自身に感じることであり、なにものにも依存しない、「わたしは在る」という喜びです。

（エックハルト・トール著　あさりみちこ訳『さとりをひらくと人生はシンプルで楽になる』）

第三章　生きたまま生まれ変わるための生き方27箇条

本章では本書で述べたことを「生きたまま生まれ変わるための生き方27箇条」として簡潔にまとめます。詳細については随時該当箇所を読み返してください。

1　〈ポジティブ〉になる

脳の特性から、意識して〈ポジティブ〉になることは大事である。具体的な理由については以下の通りである。

（1）脳には、いやな経験に対してはマジックテープのように密着し、うれしい経験に対してはテフロン加工のように軽く触れるだけという癖があることから、潜在的な記憶や感情、期待、心情、思考、気分に影を落としてどんどん悪い方向へと向かわせることになる。

（2）扁桃体の働きがストレス反応を引き起こす引き金になり、悪化するとストレスホルモンが海馬を傷害し、うつ病になる場合がある。

（3）「マインド・ワンダリング」によりストレス反応が継続している状態になってしまう。

（4）扁桃体は隣にある海馬に快不快を伝えるが、人間は生存に関わることが最優先されるので、「逃げろ」とか「戦え」といった不快で衝撃的なできごとほど海馬を通して大脳皮質に長期記憶として保存されてしまう。

(5) 人間の脳には太古より「恐怖」と「不安」という「幸せのバリア」、つまり「脳の警報システム」がプログラムされている。

(6) 人間の脳には、自分を苦しめる考えや経験に強く反応してしまうという「ネガティブ・バイアス」がある。

(7) 人間は古来より、生き残るためには自分の意見より集団の意見を優先させるというプロセスを経て脳を進化させてきたことにより、ネガティブ思考を強く留めるようになっている。

(8) 人間の脳は、怒りや緊張に対してはノルアドレナリンを分泌し、恐怖に対してはアドレナリンを分泌する。これらのホルモンにいつもさらされていると血管が収縮し血管内に目詰まりが生じるため、病気にかかりやすくなり、老化も進み、結果的に早死にしてしまう確率が高まることになる。

(9) 人間が考えたことは脳では物質化され、それが実際に心身に影響を与えている。よって、極力ストレスホルモンの分泌を避ける必要がある。

2 自分に対しても他人に対してもポジティブな言葉を使う

洋の東西を問わず、言葉は古よりパワーを持っていることが知られている。人間は言葉の波動の影響を受ける。よって、自分に対しても他人に対しても極力ポジティブな言葉を使うよう心がけることが大事である。ネガティブな言葉を発した後は、ポジティブな言葉で締めることを忘れないように。

3　自分にとって良いと思うことを思い込む

「プラシーボ効果」や「ノセボ効果」から、良いことでも悪いことでも「思い込む」ことにより心身は影響を受けることがわかる。よって、自分にとって良いと思うことを思い込むことは大事である。

4　笑うが勝ち

ネチネチと相手をネガティブに思ったところで、自分が苦しむばかりで何一つ良いことはない。考えただけと思っても、それは脳の中では物質化され、実際に身体に作用している。手放すことが大事である。最後は「笑うが勝ち」である。笑うことがいかに健全であり、そして長寿につながるかということは周知の事実である。

5　ネガティブな部分がある自分も受け入れる

ネガティブな部分がある自分を受け入れることも大事である。ネガティブな感情があって人間である。人間は「善」だけで生きているわけではない。ネガティブな感情を押し込むと脳からもストレスホルモンが分泌されるばかりか、身体、特に内臓にネガティブな感情が蓄積されてしまう。必要に応じてネガティブな感情を吐き出す必要がある。その際、最後は必ずポジティブな言葉で締めることを忘れないように。

6 「トラウマ」は「上書き」して書き換える→「魔法のことば」を唱える

自分を苦しめているのは単なる考えであって、実体など何もない。ただしトラウマの場合は単なる考えとして片づけることはできない。つまり、トラウマとは海馬が命に関わる重要な記憶と判断した結果、長期記憶として大脳皮質へと送られた記憶であると考えるからである。

トラウマに対しては早めに対処することが望ましい。なぜなら刺激に過敏になった扁桃体の指令によりストレスホルモンが頻繁に放出され、悪化するとストレスホルモンが海馬を傷害し、うつ病になる場合があるからである。

トラウマを脳に一時的に押し込むことはできるかもしれないが、いずれ何かをきっかけにして表面化してくる。また、消そうと心がけたとしても逆効果になってしまう。よって、脳の特性を利用して、トラウマの内容を「上書き」して楽しいものに書き換える必要がある。それを繰り返していくうちに、月日が経ち次第に薄れていく。

「魔法のことば」は「上書き」の相乗効果をもたらし、さらにはトラウマが重症の場合には救いとなる。「魔法のことば」とは、「私はすべてを許します」、「私は幸せです。私はみんなの幸せを祈ります」、「私はすべてに感謝します。ありがとうございます」である。その中でも特に「私はすべてを許します」と「私はすべてに感謝します。ありがとうございます」という「ことば」は人を癒やし、すべてを好転させるパワーを持っている（「許す」については7条でも触れる）。

7 「許す」ということ、そして「感謝する」ということは、自分のためであり、地球の平和のためでもある

「魔法のことば」の中でも特に「私はすべてを許します」という「ことば」に違和感を覚える場合があるかもしれない。しかし「許す」という気持ちや行為は人を救う究極の方法の一つであるということをぜひ覚えておいてほしい。もっとも相手と親しくなれと言っているわけではない。親しくしたければすればいいし、抵抗があればそれでいい。無理をする必要はない。ただ、相手の存在や言葉なりを無色透明にして、すべてを手放すことである。

「許しのプロセス」を経ると、「ありがとうございます」といった「感謝」の気持ちが生じてくる。これらの「ことば」を唱えるということは、自分のためであり、ひいては地球のためでもある。

ゆっくりと呼吸をし「魔法のことば」を唱えることが大事である。するとストレスホルモンの分泌が抑えられ、「脳内モルヒネ」やセロトニンが分泌され、幸福感が高まる。さらには副

交感神経が優位となり、脳波はα波となり心身は緊張から解放されリラックスする。

8 「決断」をし「行動」することにより「道」が開く

電子を初めすべての構成要素が意志統一をし、共鳴した状態になることにより、「個体の情報が確定し、未来の予言が可能」になる。この状態を人間で言うと、「決断する」という行為に匹敵する。人間は「決断する」ことにより現実的に「道」が開く。

さらに「未来の予言を現実化させる」ためには「行動」に移す必要がある。「現実化」させるに当たっても構成要素の意志を統一させ、共鳴した状態で向かっていくことが望ましい。もし構成要素が不協和音を奏でてしまうと「現実化」を断念することになるかもしれないし、その状態が長期化すると心身のバランスを崩して遅かれ早かれ病気になってしまうかもしれない。

9 〈愛〉は俗人である一般の人間だからこそ〈到達〉できる境地である

〈愛〉とは、「物事の本質を識別」、「瞬時に全体を認識」、「直観力」といった能力、「平等」、「ワンネス」、「自己に対する意識の拡大」といった意識があり、「包括的」である。「あらゆる感情の総和」である。〈愛〉とは、「絵に描いた餅」ではない。ネガティブな感情にとらわれてしまう私たち一般の人間が、「許すこと」、「感謝すること」などを繰り返すことにより〈到達〉することができる境地である。もっとも〈愛〉の〈到達〉に完全はない。自分が〈到達〉したと思えばそれでいい。「揺らぎ」があっていい。我々人間に完璧などない。

10 〈愛〉を根底に〈ポジティブ〉になって、全身全霊で努力をし、前進することにより〈進化〉することができる

〈愛〉を根底に、共鳴状態、すなわち、人類の場合であれば、意志を統一してすべての人間が同じ方向に進むという状態、個人の場合であれば、人体を形成する水や電子が意志統一した状態にして、〈ポジティブ〉になって、全身全霊で努力をし、前進することにより、望む方向へと〈進化〉することができる。

11 〈愛〉をもって生きる――すべては一つである

そもそも宇宙の始まりは一つであり、そこからすべてのものが生じている。よって、すべての存在は一つであり平等である。自分を生かすためには他者をも生かすことである。これはきれい事ではない。〈愛〉をもって生きれば理解できることである。それは自分のためでもあり、ひいては地球のためでもある。

12 人生そのものが〈祈り〉である

〈祈り〉とは「感情」や「状態」である。言い換えれば、「〈祈り〉とは単なる宗教的儀式では

なく、〈人間の願望〉を実現するために必要な〈人間の心のあり方〉の問題」であり、人生そのものが〈祈り〉である。よって、日々の「心のあり方」がいかに重要であるかということを今一度認識することが大事である。

13 「今」を最高最善に生きれば「未来」も「過去」も最高最善になる

時間が停止している〈心の世界のあの世〉では過去、現在、未来が区別なしに一括して存在している。よって、「今」を最高最善にすれば未来のみならず、過去も最高最善になる。大事なことは今の「心のあり方」、言い換えれば、日々の「感情」や「状態」である。

14 執着を手放すこと

神社仏閣で行う通常の祈りにおいては、〈愛〉、すなわちすべてに対して「許す」気持ちを持ちつつ、今日の自分の状況や状態に対して「感謝」を捧げ、その流れにおいて自分の「願望」を伝えるということが大事である。ただし、一度伝えたならば、何度も何度も願望を強く伝えることは効果的とは言えない。

また日常的にも欲や願望に執着することは望ましくない。執着してしまうとストレスホルモンが分泌され、何よりも〈祈り〉の観点から、そのマイナスの側面を現実化させてしまうことになる。よって、執着を手放すことが大事である。

15　漠然とした思いや願望は現実化する可能性がある

「漠然たる思い／願望」は「前意識」にあり、現実化する可能性がある。それは〈祈り〉が「感情」や「心のあり方」だからである。よって、「前意識」にネガティブな意識／願望がある場合には現実化する可能性があるので、くれぐれも注意をする必要がある。

またこの現象はシンクロニシティ、すなわち三次元と四次元の世界が互いにつながっているということを垣間見せてくれる。

16　潜在意識を〈ポジティブ〉なものに書き換える

〈祈り〉の観点から、潜在意識は「日常の心のあり方」に影響を与えているので現実化する可能性がある。よって、潜在意識を〈ポジティブ〉なものに書き換える必要がある。

17　〈祈り〉においては「願望」の内容を〈愛〉で満たす

〈祈り〉においては、その「願望」の内容を〈愛〉で満たすことが望ましい。なぜならば、いずれそれが反映されるからである。

脳の観点からも〈愛〉の〈祈り〉の重要性は説明できる。人は何か人のためにいいことをするとすがすがしい充実した気持ちになるが、その際、脳から「脳内モルヒネ」が分泌され、鎮痛効果や高揚感や幸福感などを得ることができる。要するに、人は本来、「すべての存在」に対して〈愛〉を感じるように創られている。そのような心構えでいれば、不幸に見舞われてもそれを糧にするだけの力量に恵まれる。

18 「願望実現」に向かって努力したことは（それが現実化しなくとも無駄ではなく「今生の目的」達成のための重要な要素となる

〈祈り〉により「願望」を現実化することができるが、そのすべてが現実化するとは限らない。例えば、オリンピックで金メダルを取りたいといったかなり高いハードルがある「願望」の場合、〈祈り〉だけでは現実化しない。〈愛〉をもって〈ポジティブ〉になって全身全霊で努力する必要がある。それにもかかわらずそのような「願望」は叶わない場合の方が多い。その場合には、他に「今生の目的」を設定してきていると考えられる。その血がにじむような努力は決して無駄ではなく、「今生の目的」を達成するための重要な要素となる。

19 右脳を活性化させる

右脳には「人間精神のすべての営みを好循環」にもっていくことができる潜在パワーがある。右脳を活性化させよう。右脳を活性化させたり、〈イメージング〉をすることにより「未来を垣間見る」ことは不可能ではない。右脳の活性化および〈イメージング〉を日々実行することは「人としての生き方」そのものである。

20 「マインドフルネス瞑想法」を取り入れ、「今」を生きる

「マインドフルネス瞑想法」により、右脳が活性化され「今」を生きることができるようになる。必然的に、「自分」を取り戻すことができ、ストレスも軽減され幸福感が得られる。

21 良いエネルギーの周波数を出す人になる

波動の中で生きている私たちは、あらゆるものの波動の影響を受け、同時に与えもする。したがって、自分がいい影響を受けるエネルギーの周波数を有する人や動物や物質などと接することは大事なことであるが、一番大事なことは、自分がそれらにいい影響を与えるエネルギーの周波数を出す人になることである。一人一人がそう心がければ、地球の平和につながる。

22 「己」を知る

「自分は何者なのか」、「何のために生まれてきたのか」、「この世をどのように生きたいのか」、「自分はどうありたいのか」ということについては本人にしかわからない。自分で決める問題である。そのためには自分の〈内部〉、〈本質〉、〈魂〉と対話をし、熟考する必要がある。

23 「世のため人のため」ということについて自分の考えを持つ

「世のため人のため」に生きるとはすばらしい生き方である。しかしそこには矛盾や不条理が内包されている。世のため人のためになりたいと思う一方で、きれい事では済まされない現実がある。人に流されてはいけない。「己」を知り、その上で「世のため人のため」になることをする必要がある。

ヒントとして哲学者の三木清の言葉を引用する。自分で考えてみてほしい。確認であるが、「自分さえ良ければ、人はどうでもいい」という意味では決してない。

幸福は表現的なものである。鳥の歌うがごとくおのずから外に現れて他の人を幸福にするものが真の幸福である。（三木清著『人生論ノート』）

24 謙虚になって正々堂々と「人の道」を歩む

不条理や矛盾に満ちたこの世を「どう生きていくのか」、「人としてどうありたいのか」、「自分はどうなりたいのか」ということについて、自分の〈魂〉と真摯に向き合い、自分で考え決定し行動することが大事である。そして謙虚になって正々堂々と「人の道」を歩むのである。その結果、「正直」であったがために「損」をすることもあるかもしれないが、それは一時的である。長期的に見れば、〈豊かな道〉が開かれていく。人生は損得勘定ではない。長期的なスパンで見れば、「正直者が馬鹿を見る」のではなく、「正直者が徳を積んで得をする」のである。

25　毎日を〈ワクワク〉しながら人生を思いっきり楽しむ

人間は〈ワクワク〉しながら楽しく生きるように創られている。時には童心にかえることも大切である。〈ポジティブ〉であることがいかに大切かということをぜひ覚えておいてほしい。人生は一回限りの本番勝負！「光陰矢の如し」である。毎日を〈ワクワク〉しながら人生を思いっきり楽しもう！

26　「心」の重要性を再認識し、「心」を取り戻す

すべては気づきから始まり、そこから現実化する。このプロセスにあっては、「心」のあり方が鍵となる。「心」が置き去りになってしまったこの時代にあって、多くの人は「心」を失っている。私たちが最優先でやるべきは「心」の重要性を再認識し、「心」を取り戻すことである。

27 「今生の目的」を達成する

そもそも人間は各自の「今生の目的」を達成するために生まれてきている。「今生の目的」は本人にしかわからない。世間の心ない意見に左右されることはない。その道のりは容易ではないであろう。途中で投げ出したくなるかもしれない。しかし〈愛〉を心がけ、〈ワクワク〉しながら、正々堂々と、しかも謙虚さを忘れることなく「人の道」を歩み、人生のプロセスをやりきろう。自ずと〈豊かな道〉が開け、「今生の目的」を達成することができる。

思考や感覚は本人だけのものではない。私たちが考え感じることは、口に出したり態度に示したりした行為を超えて他人に作用する。その影響は微弱なものだが、それでも効果がないわけではない。

（アーヴィン・ラズロー著　野中浩一訳『創造する真空』）

おわりに

いかがでしたか。現状に対して〈ポジティブ〉な方向性を見出すことができましたか。〈量子論〉は難解でしたね。「生きたまま生まれ変わるための生き方27箇条」は理解できましたか。実行できそうですか。もちろん理解が不十分であっても気にすることはありませんよ。頭のどこかに引っ掛かっていれば、何度か繰り返すことにより定着していきますから。そして自ずと実行することができますからね。

「『自分の人生を生きる』ということと、『世のため人のため』という関係について自分なりに考えてみてください」という課題も忘れないでください。「いつかね……」などと保留にしないでくださいね。人生においては、皆さんが思うほど、時間は長くはないし、多くの人にも会えないし、多くの経験もできないものなのです。この課題についてはいずれお話しする機会があることでしょう。

人間はその気にさえなれば、いつでも〈生まれ変わる〉ことができます。本書と縁があったこと自体、その時期が来たということです。せっかく地球に生まれてきたんですよ。心から納得して〈帰りたい〉ですよね。

皆さんが〈生きたまま生まれ変わる〉ことができますよう、心より応援しています。

私の人生の主人公は私ひとりです。考えることによって私は創造します。私は自分の考えるような人間になるのです。私の幸福、繁栄、愛、調和、やすらぎは、すべて〈私がどう考えるか〉にかかっています。私は、自分の考えを、自分に対する愛で満たします。

（リズ・ブルボー著　浅岡夢二訳『〈からだ〉の声を聞きなさい』）

参考文献

アイリーン・キャディ 著、山川紘矢・山川亜希子 訳『愛の波動を高めよう―霊的成長のためのガイドブック』日本教文社、2003年
アーヴィン・ラズロー 著、野中浩一 訳『創造する真空―最先端物理学が明かす〈第五の場〉』日本教文社、1999年
アーヴィン・ラズロー 著、吉田三知世 訳『叡知の海・宇宙―物質・生命・意識の統合理論をもとめて』日本教文社、2005年
アーサー・フリーマン 著、遊佐安一郎 監訳『認知療法入門』星和書店、1989年
池谷裕二 著『記憶力を強くする―最新脳科学が語る記憶のしくみと鍛え方』講談社、2001年
池谷裕二 著『最新脳科学が教える高校生の勉強法』［東進ブックス］（ナガセ）、2002年
ウィリアム・シェイクスピア 著、小田島雄志 訳『ハムレット』白水社、1983年
エイブラハム・H・マズロー 著、小口忠彦 訳『［改訂新版］人間性の心理学―モチベーションとパーソナリティ』産業能率大学出版部、1987年
エックハルト・トール 著、飯田史彦 監修、あさりみちこ 訳『さとりをひらくと人生はシンプルで楽になる』徳間書店、2002年
NHKスペシャル取材班 著『キラーストレス―心と体をどう守るか』NHK出版新書、2016年
江本勝 著『幸運を呼び込む、日本一使える波動の本』ヴォイス、2010年

エレナ・ポーター 著、木村由利子 訳『新訳　少女ポリアンナ』角川文庫、２０１３年
大関真之著『先生、それって「量子」の仕業ですか?』小学館、２０１７年
大野裕 著『はじめての認知療法』講談社現代新書、２０１１年
科学雑学研究倶楽部 編『量子論のすべてがわかる本』学研パブリッシング、２０１５年
加藤聖龍 著『はじめてでもわかる!　たった今から人生を変えるＮＬＰの法則』リベラル社、２０１３年
カール・Ｇ・ユング 著、林道義 訳『元型論―無意識の構造』紀伊國屋書店、１９８２年
カール・Ｇ・ユング 著、林道義 訳『続・元型論』紀伊國屋書店、１９８３年
河合隼雄 著『母性社会日本の病理』中央公論新社、１９７６年
河合隼雄 著『日本人とアイデンティティ―心理療法家の眼』創元社、１９８４年
河合隼雄 著『ユング心理学入門』培風館、１９６７年
岸根卓郎 著『見えない世界を超えて―すべてはひとつになる』サンマーク出版、１９９６年
岸根卓郎 著『量子論から説き明かす「心の世界」と「あの世」―物心二元論を超える究極の科学』ＰＨＰ研究所、２０１４年
岸根卓郎 著『量子論から解き明かす神の心の発見―第二の文明ルネッサンス』ＰＨＰ研究所、２０１５年
岸根卓郎 著『量子論から科学する見えない心の世界―心の文明とは何かを極める』ＰＨＰ研究所、２０１７年

キャロル・ライトバーガー 著、鎌田裕子 訳『感情地図―心と身体を元気にする最高の方法』ビジネス社、2008年
グレッグ・ブレーデン 著、志賀顕子 訳『祈りの法則―失われた古代の祈りの秘密』ランダムハウス講談社、2008年
コリン・ブルース 著 和田純夫 訳『量子力学の解釈問題―実験が示唆する「多世界」の実在』講談社、2008年
佐藤勝彦 監修『「量子論」を楽しむ本―ミクロの世界から宇宙まで最先端物理学が図解でわかる！』PHP文庫、2000年
佐藤勝彦 監修『〈図解〉量子論がみるみるわかる本』PHP研究所、2009年
清水栄司 監修『認知行動療法のすべてがわかる本』講談社、2010年
ジョン・カバットジン 著、春木豊 訳『マインドフルネスストレス低減法』北大路書房、2007年
竹内薫 著『面白くて眠れなくなる素粒子』PHP研究所、2013年
ダニエル・ゴールマン 著、土屋京子 訳『EQ―こころの知能指数』講談社、1996年
デヴィッド・R・ホーキンズ 著、エハン・デラヴィ&愛知ソニア 訳『パワーか、フォースか―人間のレベルを測る科学』三五館、2004年
土居健郎 著『「甘え」の構造』弘文堂、1991年
土居健郎・齋藤孝 著『「甘え」と日本人』朝日出版社、2004年
トッド・カシュダン 著、茂木健一郎 訳『頭のいい人が「脳のため」に毎日していること』三笠書房、

2010年
中根千枝 著『タテ社会の人間関係―単一社会の理論』講談社現代新書、1967年
夏目漱石 著『草枕』青空文庫
並木美喜雄 著『量子力学入門―現代科学のミステリー』岩波新書、1992年
ニール・ドナルド・ウォルシュ 著、吉田利子 訳『神との対話―宇宙をみつける 自分をみつける』サンマーク出版、1997年
林竹次郎 著『ハナシコトバ十七条憲法』古渓歌会、1935年
春山茂雄 著『脳内革命―脳から出るホルモンが生き方を変える』サンマーク出版、1995年
春山茂雄 著『脳内革命2―この実践法が脳と体を生き生きさせる』サンマーク出版、1996年
久恒辰博 著『「幸せ脳」は自分でつくる―脳は死ぬまで成長する』講談社＋α新書、2003年
福井至・貝谷久宣 監修『図解　やさしくわかる認知行動療法』ナツメ社、2012年
ブルース・リプトン 著、島津公美 訳『思考のパワー―意識の力が細胞を変え、宇宙を変える』ダイヤモンド社、2014年
フレッド・ラスキン 著、坂本貢一 訳『「あの人のせいで…」をやめると人生はすべてうまくいく！』ダイヤモンド社、2004年
ブロニー・ウェア 著、仁木めぐみ 訳『死ぬ瞬間の5つの後悔』新潮社、2012年
マーシー・シャイモフ 著、茂木健一郎 訳『「脳にいいこと」だけをやりなさい！』三笠書房、2012年

松下幸之助 著『道をひらく』PHP研究所、1968年
マーティン・セリグマン 著、宇野カオリ 監訳『ポジティブ心理学の挑戦――〝幸福〟から〝持続的幸福へ〟』ディスカヴァー・トゥエンティワン、2014年
三木清 著『人生論ノート』角川ソフィア文庫、2017年
茂木健一郎 著『脳を最高に活かせる人の朝時間―頭も心もポジティブに‼』すばる舎、2013年
森嶋通夫 著『イギリスと日本―その教育と経済』岩波新書、1977年
森田邦久 著『量子力学の哲学―非実在性・非局所性・粒子と波の二重性』講談社現代新書、2011年
山田廣成 著『量子力学が明らかにする存在、意志、生命の意味』光子研出版、2011年
山田廣成 著『地球に真の平和をもたらす量子哲学』光子研出版、2015年
山田廣成 著『物理学はこんなにやさしい学問だった』光子研出版、2018年
米田晃・前田豊 編著『意識科学―意識が現象を創る』ナチュラルスピリット、2016年
リズ・ブルボー 著、浅岡夢二 訳『〈からだ〉の声を聞きなさい―あなたの中のスピリチュアルな友人』ハート出版、2013年
リチャード・バンドラー 著、白石由利奈 監訳、角野美紀 訳『NLPの生みの親バンドラーが語る望む人生を手に入れよう―今すぐ人生を好転させ真の成功者になる25の秘訣』エル書房、2011年
リック・ハンソン 著、影山幸雄 訳『脳を鍛えてブッダになる52の方法』サンガ、2014年

リン・マクタガート 著、野中浩一 訳『フィールド　響き合う生命・意識・宇宙』インターシフト、２００４年
ルイス・キャロル 著、石川澄子 訳『不思議の国のアリス』東京図書、１９８０年
ルイス・キャロル 著、高山宏 訳『鏡の国のアリス』東京図書、１９８０年
ルース・ベネディクト 著、長谷川松治 訳『菊と刀』社会思想社、１９６７年
綿本彰 著『Ｙｏｇａではじめる瞑想入門』新星出版社、２０１４年
和辻哲郎 著『風土―人間学的考察』岩波文庫、１９７９年
ニュートンムック『別冊 Newton 量子論（増補第4版）―相対論と双璧をなす物理学の大理論』ニュートンプレス、２０１７年
ニュートンムック『Newton ライト　素粒子のきほん―この世界をつくっている最小の粒の正体とは?』ニュートンプレス、２０１８年
Carroll, Lewis. *Lewis Carroll The Complete Works.* The Nonesuch Press, 1973.
Shakespeare, William. *The Complete Works of William Shakespeare.* Gramercy Books, 1975.

辞書
『広辞苑』第六版　岩波書店
『スーパー大辞林３・０』三省堂

『精選版　日本国語大辞典』小学館
『全訳古語辞典　第三版』旺文社
『デジタル大辞泉』小学館
『明鏡国語大辞典　第二版』大修館書店

その他
『聖書』パルパローデル・コル 訳、ドン・ボスコ社、１９６４年

†著者

齋藤　佳子（さいとう・よしこ）

静岡県生まれ。名古屋大学大学院後期課程満期退学。高校の教員を経て、現在は大学の教壇に立つ。その経験は25年以上に及ぶ。専門は英文学、言語学。

ある時、人生には何か大きな力が働いており、人間の力ではどうにもならないことがあることを知る。それを追究するため、様々なジャンルの本を濫読し、「人の生き方」に興味を覚える。次第に、〈目に見えない世界〉の解明に取り組むようになるが、それには〈科学〉の必要性を痛感する。現在は、〈科学〉を通して〈目に見えない世界〉と〈目に見える世界〉との「橋渡し」を使命とし、グローバルな観点から「生命」の救済をライフワークとする。

〈論文〉

「Mary Wollstonecraftの死生観について」（『雲雀野』21号）、「言語における〈夫〉と〈妻〉の関係について―〈名称〉の観点から―」（『言語と文化』24号）ほか。

〈資格〉

米国NLP協会認定トレーナー、日本フラワーレメディセンター認定ティーチャー、メンタル心理カウンセラーほか。

生きたまま生まれ変わる
〈知識〉に基づき〈この世界〉から〈高次の世界〉へ

2019年11月27日　初版第1刷印刷
2019年12月 9 日　初版第1刷発行

著　者　齋藤　佳子
発行者　森下　紀夫
発行所　論創社
東京都千代田区神田神保町2-23　北井ビル
tel. 03（3264）5254　fax. 03（3264）5232
web. http://www.ronso.co.jp/
振替口座　00160-1-155266

装幀／大島千佳
組版／フレックスアート
印刷・製本／中央精版印刷
ISBN978-4-8460-1877-1　©2019　Printed in Japan